本郷和人

喧嘩の日本史

GS
幻冬舎新書
729

はじめに

　日本の歴史を振り返ると、そこにはさまざまな対立や戦いが、ある種のエポックメイキング（歴史的な変革）になっている例がしばしばあります。

　だからこそ、そうした対立や戦いに、歴史研究の目が注がれるわけですが、他方で、日本の歴史学においては、軍事研究というのは、戦時中の皇国史観や軍部への加担に対する反省から、戦後はタブー視される傾向にありました。

　事実、太平洋戦争に関してはさまざまな調査や分析がなされていますが、戊辰戦争よりも前の戦いについては、これまで科学的に語られてはきませんでした。そもそも、研究の対象にすらなっていなかったのです。その風潮を問題視し、より科学的に軍事の歴史を考えてみようという思いから、私はこれまで軍事に関連した書籍を何冊か発表し、世に問うてきたつもりです。

　そうした戦争の多くが、当初は些細《ささい》な「喧嘩」に過ぎないこともしばしばです。その小さな火種が段々と大きくなり、もう引き返すことのできないほどの大きな「喧嘩」、つまり戦争にまで発展してしまう。その時々の社会状況や巡り合わせの違いなど、そこには歴史のさまざまで、数奇《すうき》な流れというものがあります。それいかんで、「喧嘩」はただの小競り合いに終わることもあれば、大きな「戦争」に発展してしまうこともあるのです。

今日、私たちが知る日本の歴史のなかでのさまざまな合戦や争乱も、初めは些細な「喧嘩」で、その本質を捉えれば、ただ単に、兄と弟の「喧嘩」に過ぎなかったこともあります。また、その「喧嘩」を利用して体制を大きく変革した者も現れました。

本書では、日本史上のさまざまな「喧嘩」を取り上げて、その「喧嘩」がいかに大きな戦いへと発展したか、その「喧嘩」の争点はなんだったのかを見ていきます。その過程で、「喧嘩＝戦い」というものの本質とは何かを考えていければと思います。

もうひとつ、その「喧嘩」が大きな争いへと発展するのを、いかにすれば防げたかという点にもでき得る限り、想像力を働かせて検証してみたいと思います。

歴史に「もし（if）」はない、ということは常々言われることですが、それは言い換えれば歴史とは科学であるということだろうと思います。戦前において、歴史学が天皇を中心とした物語であることを重視した「皇国史観」に支配されたことへの反省として、戦後の歴史学は客観的な検証を必須とする科学であることが重視されてきました。そこに「もし」は一切、介在してはならないのです。

もちろん、そうした客観的な歴史研究を否定するつもりはありません。歴史学が科学として意味を持つためには、重要なことです。戦時中に、歴史学が客観性を捨て、敗戦へと連なるような思想に手助けをしたことは間違いないわけで、こうした過ちを繰り返さないためにも、科学であることを手放してはならないでしょう。

他方、本書で見るように、「喧嘩」が大きな戦争に発展するとき、そこにはさまざまな権力者たちの意思が働いています。権力者の決定は、ひとりの人間の命をたやすく左右するものです。太平洋戦争においては、少しでも早く敗戦を受け入れていれば、死なずに済んだ人々が確実に存在したと言えるでしょう。

それゆえに、時に「もし」という想像力を用いて、権力と人命の関係を改めて問い直すことができるならば、この現実に、あるいは未来に向けて、歴史を学ぶ一定の意味を見出すことができるのではないかとも思うのです。

本書では平安時代から幕末に至るまで、一〇個の「喧嘩」を取り上げています。「兄弟喧嘩」もあれば、因縁のライバル同士の「喧嘩」、あるいは主人と部下の「喧嘩」などさまざまです。いかに「喧嘩」が起こり、どのような「戦い」へと発展し、どんな「結末」に至ったのか。「もし」あのときこうしていれば、「喧嘩」は避けられたのか、あるいは違う「解決」はあり得たのか。

私たちが意思と感情を持った一個の人間である以上、どうしても自分と異なる人間との軋轢《あつれき》や争いは避けられないのかもしれません。こうすれば、事を荒立てずに済んだというような知恵や教訓を先人たちの歴史から学んでおけば、きっと何かしらの役に立つときがあるのではないでしょうか。

喧嘩の日本史／目次

第二章　源氏将軍VS北条氏　——戦いが王をつくる

編集協力　大野 真
鈴木 隆
図版・DTP　美創

第一章 源頼朝VS弟・義経

――弟は最大の脅威

頼朝と義経の「兄弟喧嘩」の背景

源頼朝の挙兵によって、平家が滅び、鎌倉に武士の、武士による、武士のための政権が打ち立てられたというのは、いわゆる鎌倉幕府の成立ですが、その過程で、源頼朝とその弟である源義経が対立し、義経追討が行われました。この源氏の「兄弟喧嘩」をきっかけに、文治《ぶんじ》元（一一八五）年、頼朝の命を受けた北条時政が京入りして、朝廷との交渉にあたり、守護・地頭の設置を認めさせたことも知られています。

頼朝の挙兵を知り、庇護《ひご》を受けていた奥州平泉の藤原秀衡のもとから駆けつけた義経は、その後、平氏追討の戦いである一ノ谷の戦いや壇ノ浦の戦いで目覚ましい活躍をしたことで知られています。そんな兄弟がなぜ、対立することとなったのか。そのきっかけとはいったいなんだったのか。どうすればこの「喧嘩」を避けることができたのか、それらを見ていきたいと思いますが、まず、源義経の追討の前段として、この源氏と平氏（伊勢平氏、平家）の争いを押さえておきましょう。

軍事クーデターによって後白河上皇を幽閉し政治的実権を握った平清盛に対し、治承《じしょう》四（一一八〇）年に後白河上皇の第三皇子以仁王《もちひとおう》が平氏討伐を呼びかける令旨《りょうじ》を発し、挙兵に及びます。これが、現在、いわゆる「源平の戦い」「源平合戦」と呼ばれる、治承・寿《じゅ》永《えい》の乱の始まりでした。以仁王の挙兵自体は失敗に終わりましたが、これに呼応するかたちで、関東で兵を挙げたのが、伊豆に流されていた源頼朝でした。

そもそも、なぜ、頼朝や義経といった源義朝の子供たちが関東や東北に流されていたのか。なぜ、源氏と平氏が対立するに至ったのか。それを理解するには、さらに治承・寿永の乱に先立つ、保元《ほうげん》の乱と平治《へいじ》の乱というふたつの乱を見ていく必要があります。

この「喧嘩」から武士の世になった

保元元（一一五六）年、鳥羽上皇の崩御後に起きた保元の乱とは、崇徳《すとく》上皇と藤原頼長が反乱を起こし、これに対して後白河天皇とその乳父《めのと》・信西《しんぜい》（藤原通憲《みちのり》）と藤原忠通《ただみち》が、平清盛や頼朝・義経の父である源義朝らを動員して鎮圧した戦いのことです。

崇徳上皇と後白河天皇のどちらが朝廷の皇統を継いでいくのか、貴族の実権争いも巻き込んだこの乱は、平安時代に入ってから、およそ三〇〇年ぶりとなる兵同士による武力を用いた戦いとなりました。崇徳側についた武士たちは処刑されたことで、これもまた平安初期の薬子《くすこ》の変以来、三〇〇年ぶりとなる死刑執行もなされています。

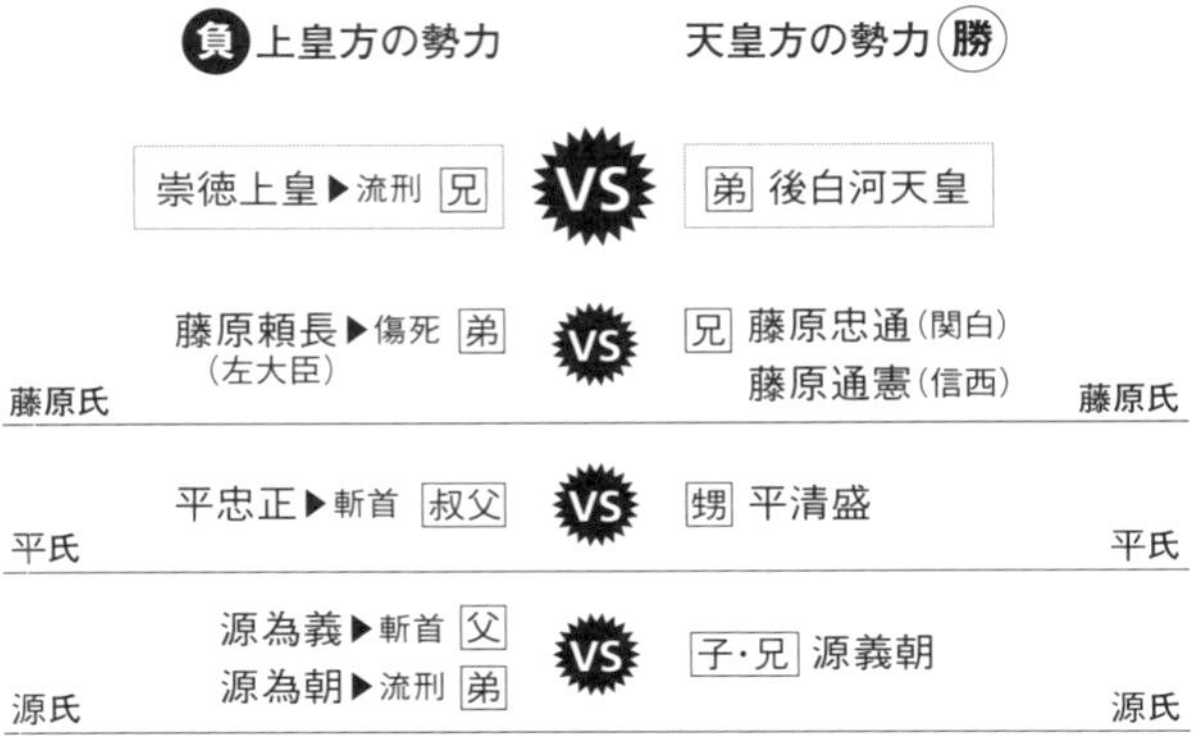

保元の乱関係図

平安貴族の間では、武力を用いた血みどろの権力争いというのは久しくなくなり、どろどろとした人間関係によって政治の実権争いが行われた、言わばぬるま湯のような状態が続いていました。しかし、そこに信西という天才が現れ、武士という兵力を用いて相手を制するという方法に改めて注目するのです。崇徳上皇側も武士を集め、こうして武力による対立へと発展することになったのでした。この乱は親子兄弟が敵味方に分かれる壮絶な「身内喧嘩」となりました。

信西が集めた武士たちは、平清盛の軍勢三〇〇、源義朝の軍勢二〇〇、源義康の軍勢一〇〇などで、集団戦を基礎とする戦国時代に比べるとかなり少ない軍勢ですが、彼らは武士のなかでも主力となる面々でした。これに対して崇徳上皇と藤原頼長が集めることができた武士は、ほとんど残り滓《かす》のようなものです。武士のなかでも最も多くの兵を集めたのは平清盛ですが、それでも三〇〇人を動員するのがやっとのところでした。

ほとんど勝つべくして勝ったような戦いで、勝敗はあっさりと決してしまいましたが、平安時代を通じて、久しぶりの武力を用いた戦争となった点に注目しなければなりません。つまり、武士という存在が戦うことで、天皇の地位が決まるというような争いが起きたこと自体が、ひとつの画期だったわけです。当時の歴史を記した慈円《じえん》『愚管抄《ぐかんしょう》』は、この保元の乱から、「武者の世になった」と整理しています。

もともと開いていた平氏と源氏の差

この保元の乱後の論功行賞で、平清盛、源義朝が恩賞を得ることになりますが、この恩賞自体が最初からかなり差がついていました。平氏側は、清盛が播磨守《はりまのかみ》、弟の経盛は安芸《あきの》守《かみ》、頼盛は常陸介《ひたちのすけ》に任じられたのに対し、源義朝は右馬権頭《うまごんのかみ》という朝廷の馬の世話をする係の長官職に任じられます。さらには崇徳上皇側についた父・為義《ためよし》の助命嘆願するも、信西はこれを許しませんでした。

そもそも、「源平の戦い」という後世の言い方があるせいか、ずっと平氏と源氏は競い合っているライバルのように描かれることがしばしばですが、実際にはその勢力の差は大きく開いていました。

平清盛の祖父・平正盛も父・平忠盛も、西国の国司《こくし》（現在でいう県知事クラスのような役職です）を歴任しています。日本の歴史においては「西高東低」が原則で、政権の中枢が置かれ、大陸にも近い西国は豊かな国であり、反対に東国は貧しく未開発の地と言えます。そんな豊かな西国の国司となるということは、実入りも相当にいいのです。のちに清盛は、後白河上皇の頭痛平癒を祈願するために蓮華《れんげ》王院（本堂・三十三間堂）を建立し、寄進していますが、それくらいポンとやれてしまう財力を誇っていたのです。

これに対し、源氏はというと、義朝の祖父・源義親《よしちか》と父・為義の父子二代が能力的に劣っていたとしか言いようがありません。東北地方で起きた前九年合戦・後三年合戦で活躍した八幡太郎義家《よしいえ》がまさに源氏のスーパーヒーローだったわけですが、義親と為義はその息子と孫にあたります。せっかく義家が築いた勢力を、義親と為義は食い潰してしまい、源氏はすっかり落ちぶれていたのでした。

ですから、平氏の清盛と源氏の義朝はそもそもスタートラインからして差がついていた

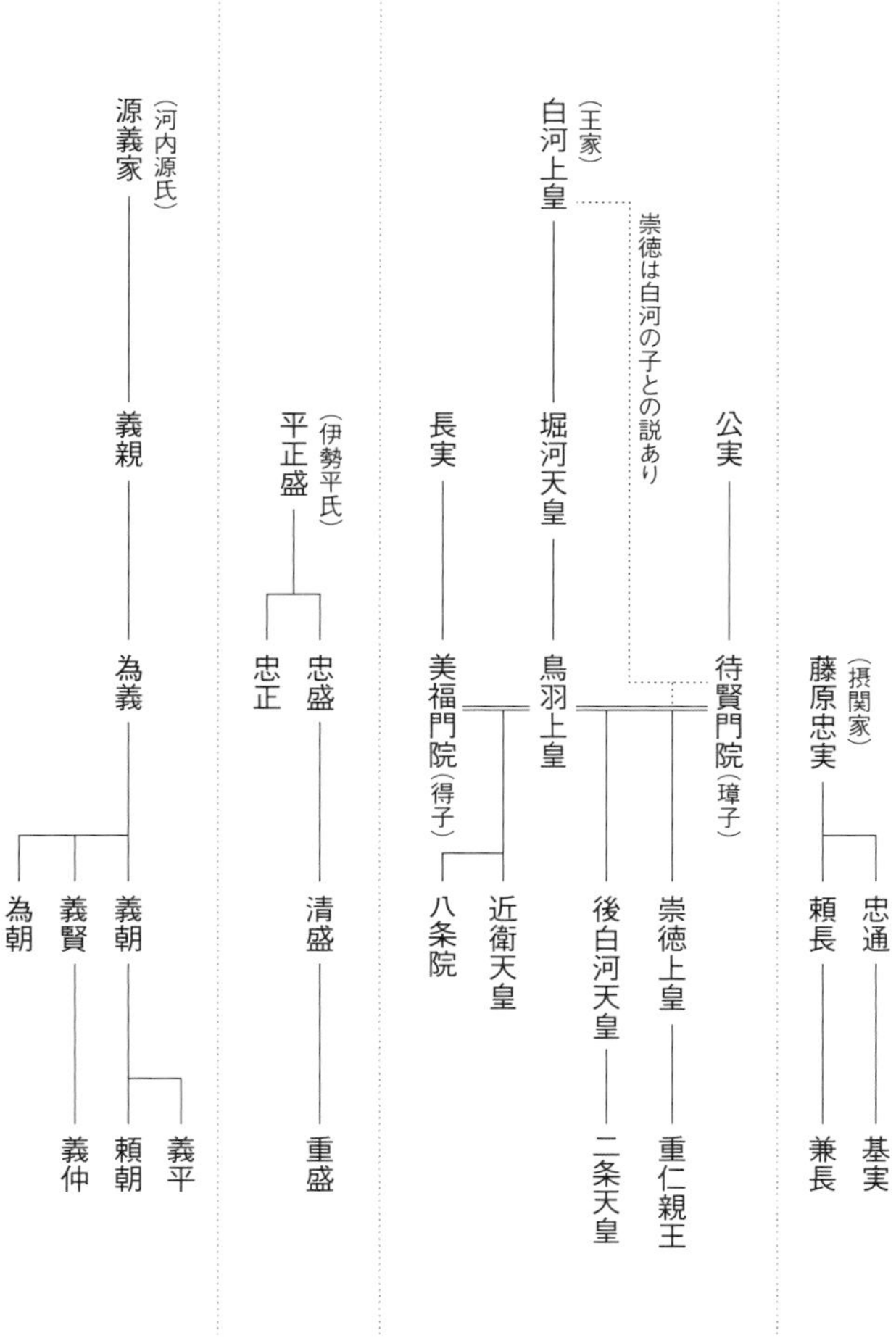
（摂関家）
藤原忠実
忠通
頼長
基実
兼長
（王家）
白河上皇
崇徳は白河の子との説あり
公実
堀河天皇
待賢門院（璋子）
鳥羽上皇
崇徳上皇
後白河天皇
重仁親王
二条天皇
長実
美福門院（得子）
近衛天皇
八条院
（伊勢平氏）
平正盛
忠盛
忠正
清盛
重盛
（河内源氏）
源義家
義親
為義
義朝
義賢
為朝
義平
頼朝
義仲

保元の乱関係図

のです。言うなれば、清盛は金持ちのお坊ちゃまで、義朝は貧しい叩き上げ。ライバルもへったくれもない。保元の乱では清盛の軍勢三〇〇に対し、義朝の軍勢二〇〇ですから、動員数では義朝も頑張ったかもしれませんが、もともとの勢力からして、当時の平氏と源氏は比べ物になりませんでした。

　平安時代を通じて、国司のなかでも、一番おいしいのは播磨守です。清盛が播磨守に任じられたということは、国司のなかではこれよりも上はありませんから、あとは中央政界入りするほかない。当時、慣例的に武士が中央政界入りすることはできなかったため、清盛の父・忠盛は無念の涙を呑んでいます。

　保元の乱の後、平清盛はその存在感を増していくわけですが、播磨守よりも偉い地位に就かなければならないとなると、中央政界入りするほかないのですが、貴族たちは武士である清盛を一流の貴族とは認めたくない。その結果、大宰大弐《だざいのだいに》に清盛は任じられます。

　大宰府のトップに任じられた人物で有名なのは菅原道真《すがわらのみちざね》（大弐より格上の大宰権帥《だざいのごんのそち》）ですが、もともと中央政界にあって右大臣にまでなった道真にとって、これは当然、左遷を意味します。しかし、大宰府のトップになるということは、九州にある九つの国司の上の地位に就くことを意味するわけです。

清盛にとっては、国司の上の地位に就いたことになるわけですから、出世を意味します。こうなると、地方官としてはこれ以上の地位はなくなるわけですから、やはり次は中央政界入りを認めるほかなくなってくるわけです。

そんなときに起きたのが、平治の乱でした。

平治の乱で没落する源氏

保元の乱ののち、後白河天皇は守仁《もりひと》親王に譲位し二条天皇として即位させると、自らは上皇となって院政を開始します。政治的な実権は側近の信西が握りますが、これに反発したのが権中納言《ごんちゅうなごん》の藤原信頼でした。信西は荘園の整理を行うなど政治的手腕を振るい、天才とも呼べるような人物でしたが、この藤原信頼は信西を蹴落としても政治的に何がしたいというわけでもない、ただよい官職を得たかったというそれだけの人物に過ぎませんでした。

平治元（一一五九）年十二月、平清盛が熊野詣《もうで》に出立して、都を不在にしている隙を狙って、信頼は源義朝と手を組み、兵を挙げました。後白河上皇と二条天皇を捕らえ、内裏《だいり》に幽閉すると、信西を自害に追い込み、政権を掌握するのです。

義朝としても、要するに大きな差がついていた清盛が羨《うらや》ましくて仕方がなかった。保元の乱の恩賞では、清盛は播磨守となったが、自分は右馬権頭に任じられたに過ぎない。その後も清盛は大宰大弐となり、差は開くばかり。そこで、藤原信頼の画策に乗るかたちで、義朝は兵を挙げたのでした。この平治の乱では、若き源頼朝も加わっています。

政権奪取を成功させると、藤原信頼は早速に官職の任命を執り仕切りました。その結果、ここが涙ぐましいところなのですが、源義朝はなんと播磨守になるのです。命懸けでクーデターを起こしたのだから、もっと偉くなればいいところなのに、保元の乱で差をつけられた清盛が任じられた職に固執している。よほど、清盛が羨ましかったのでしょう。

とはいえ、信頼と義朝は、清盛との直接対決を避け、清盛が不在のときを狙って謀反を起こしました。やはり、清盛の軍勢と直接にやり合うのは分が悪いと考えたのだと思います。実際、清盛が熊野詣から引き返し、二条天皇を奪還すると、信頼・義朝討伐の宣旨《せんじ》を得て、官軍となり、直ちに信頼・義朝らが立て籠もる内裏を攻めたのでした。

この平治の乱も、源氏と平氏の直接的な対決というよりも、あくまでも代理戦争に過ぎません。後白河上皇と信西一派と藤原信頼一派の権力争いのための、それぞれの重要な武力として用いられただけで、源氏と平氏がライバル同士というわけではなかったので

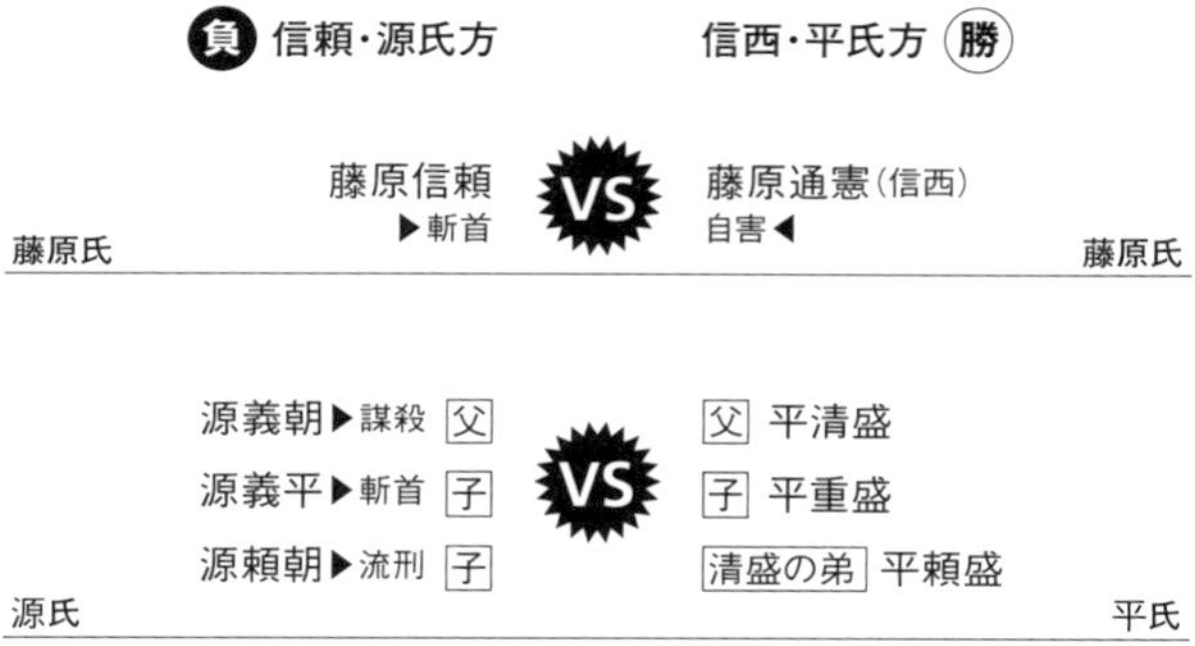

平治の乱関係図

す。しかし、この平治の乱で結局、信頼・義朝方は敗れ、信頼は捕まって処刑されました。義朝は八幡太郎義家のかつての威光を自ら再興させた東国へと逃げ延び、再起を図ろうとしたところ、尾張《おわり》の内海あたりで、殺されてしまいました。

義朝の一族は、長男・義平《よしひら》、次男・朝長《ともなが》が命を失いました。他の息子たちも清盛は命を取るつもりだったとされますが、頼朝は生母の実家・熱田大宮司家や清盛の継母・池禅尼《いけのぜんに》からの助命嘆願により、伊豆国への配流となり、命までは取られることはありませんでした。義経を含む常盤御前《ときわごぜん》を母とする子供たちは、出家させることで死罪を免れたということになります。

ふたつの乱は何をもたらしたのか

さて、この清盛と義朝の「喧嘩」によって何が変わったかというと、ついに武士が中央政界へ進出したということでしょう。平治の乱ののち、二条天皇が崩御すると後白河上皇の力が増し、幼い六条天皇の代わりに政務を執り仕切ります。そして、平滋子《しげこ》との間に生まれた憲仁《のりひと》親王を天皇に即位させることを画策、これに清盛も呼応したのでした。滋子は、清盛の妻・時子《ときこ》の妹にあたり、清盛も憲仁親王の即位を望んでいたのです。その結果、清盛は仁安《にんあん》二（一一六七）年に、太政大臣に任命されたのです。

ここまで大きな働きをする清盛に対し、さすがに貴族たちも中央政界入りを拒むことができなくなったというわけです。瞬く間に太政大臣へと上り詰め、武士が貴族として繁栄することになりました。見た目には清盛と義朝の「喧嘩」のようですが、そもそもその差は圧倒的で、かつ代理戦争のようなものだったと考えると、この時点では、まだ源氏と平氏が正面切って争うというようなかたちではなかったと言えるでしょう。

その後、憲仁親王が高倉天皇として即位し、清盛の娘・徳子《とくこ》が入内することで、清盛と平氏は天皇家の外戚として勢力を強め、まさに「平家にあらずんば人にあらず」と称されるほどの、全盛の時代を迎えるのでした。

清盛は貴族として出世し、あくまでも朝廷の政治体制のなかで、勢力を拡大していきます。つまり、のちの世で、源頼朝が成し遂げたような武士の政権をつくるということには至っていません。この時点では、そもそも清盛自身に「武士の政権」をつくるという発想がなかっただろうと思います。あくまでも権力を得るということは、朝廷のなかで出世し実権を握ることだったのです。

また、朝廷の影響力の強い京都周辺では、おそらく武士の政権というものは難しかっただろうと思います。だからこそ、清盛は自分の政権構想として、京都ではなく福原を選んで、朝廷の影響力から遠ざかろうとしたとも考えられるでしょう。その後、頼朝が武士の政権を、朝廷の力が及びづらい東国の鎌倉に置いたのは、正しい判断だったと言えます。朝廷からすれば、遥か遠方の東国は自分たちの秩序の外、つまり未開の地の扱いです。先ほど、中央政界と言いましたが、結局、朝廷は京都の周辺にしか大きな影響力を持っていないということになるわけです。

さて、そうして東国で一五〇年にわたって力を蓄えた武士は、足利尊氏の頃にようやく京都で一旗揚げるというかたちを取り、それが室町幕府へと繋がっていきます。足利尊氏については後章に譲るとして、いよいよ、源頼朝が挙兵した治承・寿永の乱について見ていきたいと思います。

中央VS地方の「喧嘩」の本質

治承三（一一七九）年十一月、蜜月の時期もあった後白河上皇と平清盛の関係において、対立があらわとなり、ついに清盛が実力行使に打って出ます。武力蜂起によって京都を占領し実効支配下に置くと、後白河上皇を鳥羽殿に幽閉し、後白河院政を停止させたのです。これがいわゆる「治承三年の政変」と呼ばれる、清盛の軍事クーデターでした。

清盛は、娘・徳子が入内していた高倉天皇を譲位させ、院政を始めさせると、徳子が生んだ皇子を安徳《あんとく》天皇として即位させます。こうして天皇の祖父という外戚の地位を得た清盛は、実質上、天皇家・朝廷の政治を支配する平氏政権を確立することとなりました。

強まる平氏の専横に対して、やがて反旗を翻《ひるがえ》したのが、後白河上皇の第三皇子・以仁王です。治承四（一一八〇）年四月、以仁王は諸国の武士に、平清盛と平氏討伐を呼びかける令旨（令旨は親王の命令書なので、親王に昇っていない以仁王の命令書は令旨とは呼べない。でも当時からわかりやすいので、そう呼ばれていた）を送り、兵を挙げました。この挙兵自体は失敗に終わりますが、源頼朝もこれに遅れて呼応するかたちで、配流先の伊豆で、東国の武士たちの協力を得て、挙兵に及んだのでした。

こうして、治承・寿永の乱が始まったわけですが、先述したようにこの乱はしばしば「源氏と平氏の戦い」「源平合戦」と呼ばれます。しかし、保元の乱・平治の乱で見てきたように、源氏と平氏は昔からの敵同士ではありませんでした。保元の乱では平清盛と源義朝は味方同士でしたし、平治の乱は代理戦争の意味合いが強いのです。ましてや、源頼朝とともに伊豆で兵を挙げた北条時政らは源氏ではなく平氏でした。ですから、元来、源氏と平氏は血で血を洗うような喧嘩を繰り返してきたわけではないのです。

特に気をつけなければならないのは、平氏政権樹立後、半年も経たないうちから各地で反乱の火の手が上がるわけですが、その初期には四国の河野氏、九州の菊池氏が兵を挙げています。彼らは、源氏も平氏も関係ありません。さらに北陸では在庁官人が立ち上がっています。北陸の各国には今で言う県庁にあたる国衙《こくが》があり、この国衙に勤務する役人を在庁官人と呼びます。在庁官人は地方の在地の武士たちが担いますが、彼らが中央に対して反乱を起こしたわけです。各地での挙兵というのは、まず国衙を占拠するのです。源頼朝とともに兵を挙げた北条時政も、伊豆国の在庁官人であったとされます。

つまり、治承・寿永の乱とは、源氏と平氏の戦いなど関係なく、基本的には中央の影響

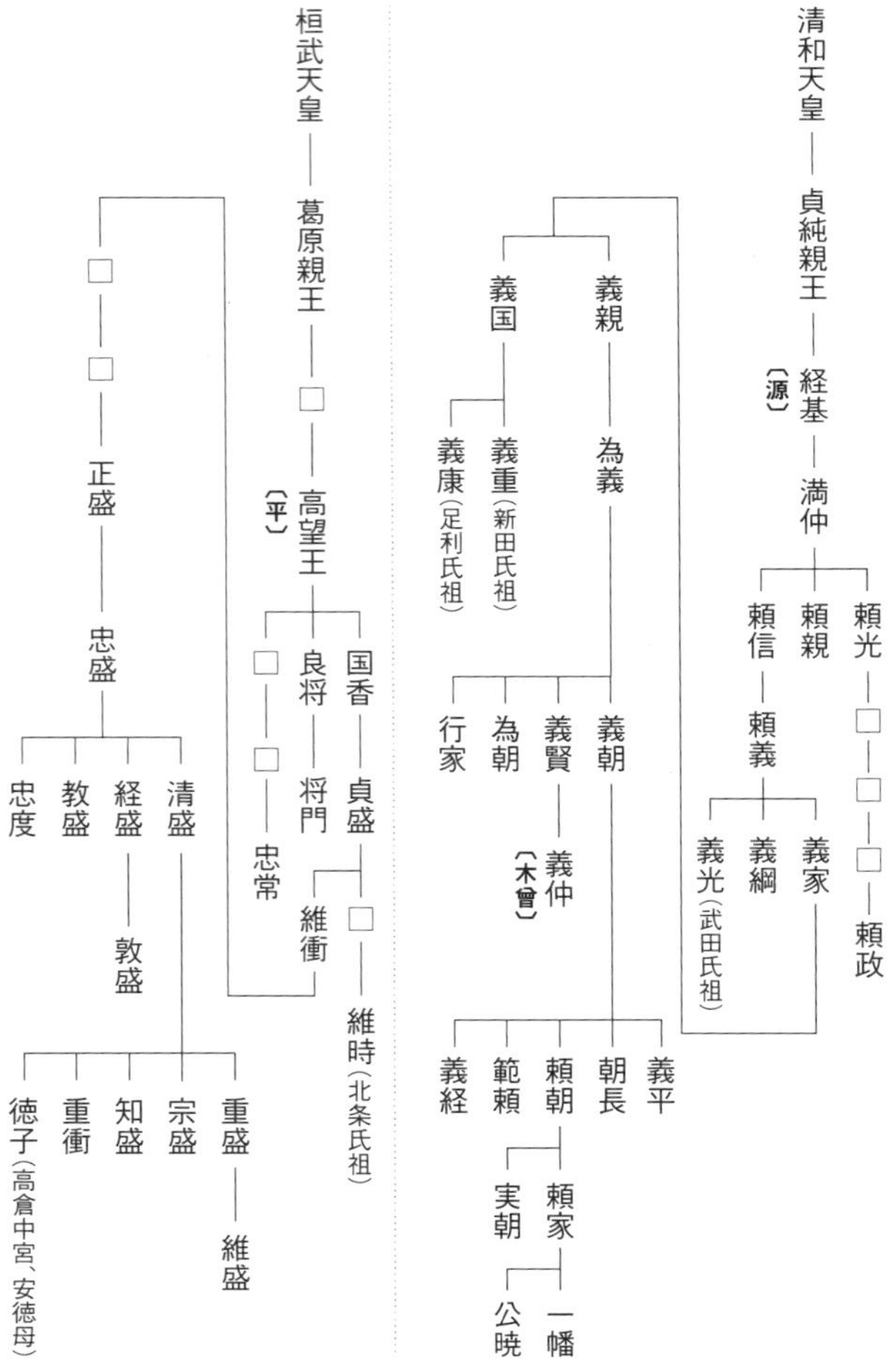

清和源氏と桓武平氏の略系図

力から脱したいと考えていた地方の勢力の、自立を懸けた戦いだったのです。朝廷の支配にうんざりした武士たちが、「武士の、武士による、武士のための政権」をつくりたいと、その思いのもとに力を集結し、立ち上がったのです。

　こうした在地の武士たちの力をひとつにまとめ上げるために長として立ったのが、源頼朝であり、また木曾義仲であり、甲斐源氏の武田氏でした。あたかも頼朝が武士の総大将のように語られますが、武士の棟梁として名乗りを上げたのは頼朝だけでなく、木曾義仲らとは競合関係にあったのです。そのなかから、やがて頼朝が台頭し、東国武士の棟梁として鎌倉幕府を打ち立てるわけです。ある局面では、頼朝の勢力と木曾義仲の勢力が戦うことになりますから、「源平の戦い」どころか「源氏同士の戦い」になります。

　つまり、治承・寿永の乱は「紅が勝つか白が勝つか」の源氏と平氏の「喧嘩」などではなく、朝廷を中心とする中央政権と、朝廷の影響力から脱したい在地の武士たちの戦い、言い換えれば中央対地方の「喧嘩」だったのです。

鎌倉に留まった源頼朝たちの真意

　治承四（一一八〇）年八月十七日、頼朝はついに兵を挙げ、平時兼《ときかね》の目代である山木《やまき》兼《かね》隆《たか》の邸を攻め、初戦に勝利します。しかし、その後、石橋山の戦いで大敗を喫し、命からがら房総半島に逃げて、ここで再起を図りました。千葉氏や上総《かずさ》氏など、東国の武士たちを味方に引き入れ、ついに鎌倉入りを果たして、政権づくりを始めるわけです。

鎌倉入りを果たした頼朝を討伐するために、平清盛が派遣した追討軍と駿河国で対峙する、いわゆる富士川の戦いが起こりますが、この追討軍を平氏軍と言ってしまうと、やはりこの「喧嘩」の本質を見失ってしまうでしょう。あくまでも清盛が差し向けた追討軍は、朝廷軍であり、ここでは中央の朝廷の軍勢と、地方の頼朝を担ぐ在地の武士たちの軍勢がぶつかったということをきちんと押さえておきたいと思います。

この富士川の戦いで勝利した頼朝には、選択肢がふたつありました。ひとつはこのまま敗走する朝廷軍を追いかけ、京都まで攻め上るという選択。実際に頼朝は、京都への進軍を画策していました。しかし、これを押しとどめたのが、ともに戦った在地の武士たちだったのです。これがもうひとつの選択肢となります。

三浦義澄《よしずみ》や千葉常胤《つねたね》、上総広常《ひろつね》といった東国の武士たちは、鎌倉入りを果たしたとはいえ、関東にはこれに呼応しない武士勢力も残っており、後方には奥州藤原氏も控えている。未だ、関東を平定し治めたとは言えず、まずは東国をしっかりと統治し、政権を確立することが肝要だと、彼らは頼朝に進言したのでした。これはまさに東国の武士たちの真意であったと思います。つまり、彼らは上洛するよりも、朝廷からの影響力を脱した、自分たちで自分たちの生活を保障するような、独立した政権を必要としていたのです。

ここで頼朝は自らを支えた東国武士たちの真意を理解し、上洛を諦め、鎌倉に留まるという大きな決断をしました。ここが、頼朝の賢明なところです。まさに治承・寿永の乱とは、中央からの地方の自立を目指した戦いだったのです。そのことを、頼朝もこのとき強烈に自覚したことでしょう。東国武士たちが頼朝を担いだのは、あくまでも地方の自立を実現することにあり、平氏と源氏の「喧嘩」ではなかったのです。

反対に木曾義仲は、上洛の誘惑に負けて、平氏の軍勢を打ち破ったのちに、京都まで軍勢を進めてしまいます。京都から平氏の軍勢を追い出すことに成功したものの、後白河上皇と対立を深めます。その結果、後白河上皇から頼朝に木曾義仲追討の命が下り、とうとう頼朝は東国で蓄えた兵力を挙げて、挙兵し義仲を討ったのでした。

また、京都を追われて、四国の屋島に拠点を築いた平宗盛《むねもり》は、後白河上皇に書状をしためており、それが『吾妻鏡《あづまかがみ》』に載っています。そこには「平氏と源氏は昔から敵同士だったわけではないので、平氏と源氏と和睦を取り計らってほしい」と後白河上皇に嘆願しているのが窺《うかが》えます。「平氏と源氏が両者、手を取り合って京都を守ります」と述べているのです。もちろん、それは滅亡を避けたい平氏側の言い分かもしれませんが、少なくとも源氏と平氏が相並んで京都を守り、朝廷を守り、上皇や天皇を守るという可能性もあったわけです。

なぜ頼朝は平氏を滅ぼしたのか

しかし、ここで未だによくわかっていないのが、そもそもの敵同士というわけではなかった平氏を、なぜ頼朝は滅亡にまで追い込まなければならなかったのかという点です。

ひとつ考えられるのが、武士の常識として、相手を打ち破ったら相手が持っている財産を自分のものにできるという発想・考え方があります。世界の例に目を向けてみると、同時代人であるチンギス・カンの場合、打ち破った相手の財産も妻も、すべて自分のものにするというルールが働いています。チンギス・カンも若いときに敵に妻を取られて、その結果、ジュチという息子が生まれています。おそらく自分の子供でないと考えて、後継者にはしませんでした。

また日本の歴史を通じて、敵方が完全に滅びるまでの厳しい戦いを行った例はほとんどありません。これが中国であれば、皇帝が変われば、旧来の皇帝の一族・家臣は皆殺しとなりますから、非常に厳しい。けれども、日本の場合にはそのようなことは起きません。その意味で、日本はとてもぬるいのです。

このようなことを考え合わせると、頼朝が平氏を滅亡にまで追い込んだというのは、やはり平氏を滅ぼせば、その財産が自分のものになるという点に理由があったのかもしれません。

実際問題、鎌倉幕府の初期の財政基盤は、全国に五〇〇カ所ほどあったという平家没《もっ》官領《かんりょう》でした。平氏が保有していた強大な財を奪取するために、源氏は平氏を滅ぼしたというのが、一番納得しやすい考え方かもしれません。

武士から不評だった義経の掟破り

西へ西へと追い詰められる平氏は、一ノ谷の戦いとそれに続く壇ノ浦の戦いでとうとう、滅亡してしまうのですが、この戦いで目覚ましい功績を上げたのが、源義経でした。富士川の戦いの前後に、義経は奥州平泉から兄・頼朝の軍勢に加わるべく、関東へ参上していたのです。

平氏追討軍の総大将は、頼朝の弟・源範頼《のりより》です。基本的に大将というのは、一番後ろに控えていて、実際に戦ったりはしません。実質的に戦の指揮をするのは、当時はなんと言われていたかよくわかりませんが、戦奉行とか侍大将に類する人物でした。当時の鎌倉幕府には、軍事を司る侍所《さむらいどころ》という機関がありました。この長官である侍所別当《べっとう》は和田義盛が、副長官は梶原景時《かじわらかげとき》が担っていました。彼らが実際には、この戦を執り仕切っていたのです。

総大将の源範頼のもとでは実質的な大将である和田義盛が働いていました。別働隊として動いていたのが源義経を大将とする部隊ですが、義経隊には、侍所の副長官にあたる梶原景時がつき、実質的な戦の差配をすることが求められていました。ところが、まだ若く血気盛んな義経は、自らが先頭に立ち、戦ったのです。壇ノ浦の戦いでは、平氏に降伏の隙も与えぬまま、一気に攻め滅ぼしてしまいました。

言うなれば、これは武士からしてみれば掟破り、ルール違反なのです。頼朝としても、まさか幼い天皇の命まで奪い、三種の神器が失われるところまで追い詰めるつもりはなかったかもしれません。しかし、義経の行きすぎた戦いが、安徳天皇も三種の神器の剣も戻らないまま、海の藻屑《もくず》と消える結果をもたらしてしまったのです。

その結果、平氏は滅びるわけですが、誰の目から見ても義経の功績は明らかです。他方、このような掟破りは、本来、この戦を執り仕切るはずだった梶原景時から反感を買うことになります。義経の独断専行・越権行為に憤慨し、景時はこれを頼朝に報告しました。のちに、それが義経を貶《おとし》めるための諫言だとされ、鎌倉幕府の御家人たちから弾劾されるのですが、この時点でどちらが支持されていたか、定かではありません。

弟というやっかいな存在

平氏討伐の戦いによって功績を上げた義経ですが、頼朝からしてみれば、次第に存在感を増してくる弟は非常にやっかいなものでした。

一般論で言えば、権力者にとって弟というものは最も面倒臭い対象なのです。なぜかと言えば、弟が最も自分と取り替えがきく存在だからなのです。これが父子の争いとなると、年齢がかなり離れていることもあり、取り替えというわけにはいきません。子供が親を殺して権力を奪うとか、逆に親が子供を殺してもう一度返り咲くとかは、ほとんど見られないのです。しかも、日本において親殺しというのは最も罪深い行為であり、親に逆らう子というのは滅多に見られませんでした。下剋上が横行した戦国時代ですら、親殺しの例は多くありません。斎藤義龍（父・道三を討った）くらいでしょうか。

その点、兄弟、特に弟を殺すという例は、多く見られるのです。権力者の兄からしてみれば、家臣たちが自分への信頼をなくしたとき、自分のことを否定して弟と取り替えるというのが最も据わりがよいわけです。年もさほど離れていなければ、血も近いというわけで、家督を継がせるにはちょうどいいのです。兄の代わりに弟を担いで家臣たちが謀反を起こすということは十分に考えられることでした。

ですから、弟を殺している権力者の例はかなり多く、まず本章で扱っている源頼朝がそうです。後章で取り上げる、室町幕府を開いた足利尊氏も弟の直義《ただよし》を殺しています。戦国大名では織田信長、毛利元就、伊達政宗なども弟を殺しているわけで、その意味では弟というのは権力者にとって最も近く、最も危険なライバルだったのです。

逆に弟を使いこなした例というのは本当に少なく、すぐに思いつくのは、武田信玄と豊臣秀吉くらいでしょう。弟の扱いというのはそれくらい難しく、弟が有能だからと可愛がり、権限を与えすぎると、逆に自分がやられる結果になるということなのです。

そういう兄弟の関係もあったことから、頼朝としては次第に存在感の増大する弟の義経を警戒し、自分の権力を盤石なものとするには、いつか義経を排除しなければならないと考えていたのだろうと思います。

大原則を破ってしまった義経の失敗

このような頼朝と義経の兄弟の根本的な確執があるなかで出てきたのが、後白河上皇による源義経の重用と、任官の問題でした。

しばしば御恩と奉公の関係と言われるように、武士の政権は主従関係を根幹としています。特に「武士の、武士による、武士のための政権」である鎌倉幕府を樹立した武士たちにとって、最も重要なことは自らの所領の安全を保障してもらうことでした。武士政権の棟梁である源頼朝は自らの名のもとに、武士＝御家人たちの所領を安堵します。この御恩に報いるために、御家人たちは有事の際には自らの武力でもって、政権に敵対する勢力と戦うのです。これが御恩に対する奉公です。

また官位・官職を得る際にも、御家人たちは直接、勝手に朝廷から得るわけにはいきません。基本的には鎌倉幕府から朝廷へ伺いを立てて任じられるという形式を取っていました。これは、右記のような主従関係をはっきりさせ、政権の基盤を固めるためには必要な手続きだったのです。つまり褒美を与えてくれるのが主人であり、それに報いるのが部下たちというわけです。主従制というものは武士にとって非常に重いものだったのです。

にもかかわらず、義経は、後白河上皇から直接、京都の治安を守る検非違使《けびいし》に任官されたのでした。官位・官職を得るには必ず、頼朝を経由することが鎌倉の御家人たちの大原則でしたから、義経は結果的に、主人であり兄である頼朝の権力を否定したことになってしまうのです。

義経は、むしろ後白河上皇から立派な官職をもらえるのは、源氏一門のほまれにもなるだろう、兄も喜んでくれるに違いないと無邪気に考えていたといいますが、その兄は激怒してしまうわけです。義経がこの「大原則」をまったく理解できなかったことで、その後の運命がガラリと変わってしまいました。

後白河上皇は、政権の中枢で権力を握った平氏を京都から追い出すために、木曾義仲を利用し、その義仲が勢力を持ち始めると、今度は頼朝を使って、義仲を討たせました。今度は、頼朝の勢力が強まってくると、これに対抗するために義経という子飼いの武士を必要としたというわけです。

こうなってしまえば、頼朝としては義経を生かしておくことはできなくなります。頼朝と義経の「喧嘩」は、後白河上皇の画策によって引き起こされたとも見えなくないのですが、それはあくまでも表の理由でしょう。裏の理由としては、やはり頼朝にとって義経は、自分の権力を否定する第一の勢力になり得る存在であり、自分に取って代われる勢力であるという認識があったのだろうと思います。自分の権力を確実なものにするために、弟はなるべく速やかに排除しておきたいというのが、頼朝の真意であったのでしょう。

義経追討を理由に大きな権限を得た頼朝

兄との確執を深めた義経に、ついに後白河上皇から頼朝追討の宣旨が降ります。こうして兄を討つ大義名分を得た義経は、兵を挙げるのでした。

義経の最大の誤算は、この挙兵に呼応する者がまったく現れなかったことです。義経は後白河上皇から官位をもらいますが、官位に土地はついてきません。所領のない義経に兵を養うことはできず、言わば自らの直轄軍をつくることもできないのです。そのため、義経のもとにはほとんど兵はなかったと言えます。

伊豆で兵を挙げて以来、頼朝と御家人たちは苦楽を共にし、固い主従関係で結ばれていました。しかも頼朝は自分たちの所領の安堵を実現してくれる、自分たちの棟梁です。反対に義経が自分たちの所領を安堵してくれるとは、御家人たちには思えなかったのでしょう。

頼朝は北条時政と一〇〇〇の軍勢を京都へ差し向けると、後白河上皇に頼朝追討の宣旨の真意を詰問します。後白河上皇は「あれは一時の迷いだった」と弁明し、今度は義経追討の宣旨を出したのです。さすがは頼朝をして「日本一の大天狗」と言わしめただけの人物です。

義経に兵が集まれば、彼が朝廷軍となっていた可能性もありましたが、結局はそうはなりませんでした。結果、朝敵となってしまった義経の捜索・探査を理由に、頼朝は全国に守護、荘園に地頭を置く許可を、朝廷から取りつけています。

これは歴史の大きなターニングポイントになりました。小さな火種を大騒動にまで発展させることによって、心の底から欲しかったものを手に入れるという頼朝の見事な戦略だったと言えるかもしれません。最近の教科書では、鎌倉幕府の統治と経済のシステムである守護・地頭の設置が確立したこの年、つまり文治元（一一八五）年を、鎌倉幕府の成立として教えています。

義経は、奥州藤原氏に身を寄せると、藤原秀衡、また秀衡の跡を継いだ藤原泰衡《やすひら》らの庇護を得ます。頼朝は義経の身柄引き渡しに応じない奥州藤原氏の征伐に動きました。すると泰衡は、頼朝の圧力に屈し、義経がいる衣川館《ころもがわのたて》を攻めて自害に追い込んだのでした。この時点で、奥州征伐の名目はすでになくなったのですが、頼朝はそのまま関東の背後に座した最後の脅威である奥州藤原氏を討ち、自らの権力をより確かなものとしたのでした。

源平の「喧嘩」がもたらしたもの

源氏と平氏の「喧嘩」に関して、果たして和解の道はあったのかどうかというと、これは難しかっただろうと思います。結果論ですが、平清盛の最大の失敗は源頼朝を殺さずに、配流して生かしてしまったことです。頼朝を生かしたから平家滅亡を招いたと遡《さかのぼ》って考えるならば、頼朝としては清盛の子たちを生かしておくわけにはいかなかった。

清盛の嫡流としては、長男・重盛は清盛が存命中に病没、重盛の長男・維盛《これもり》も治承・寿永の乱において自害しています。維盛の子・六代丸《ろくだいまる》は平氏滅亡後に捕らえられました。頼朝は六代丸を剃髪《ていはつ》させ、成人になるまで生かしておきましたが、結局、死罪に処しています。頼朝も、何も六代丸本人が憎くて殺したわけではありません。清盛の嫡流である六代丸は、平家滅亡後に鎌倉幕府が得た莫大な平家没官領の、正統な後継者ということになります。六代丸を生かしておけば、いずれ彼を担いで、自分の権力を否定し取って代わることを画策する勢力が出てこないとも限りません。

その意味では、やはり源氏と平氏の喧嘩の和解の道は、もはやなかったということになるでしょう。

先にも述べたように、保元の乱、平治の乱、治承・寿永の乱を通じて、源氏と平氏は直接的な対立関係にあったわけではありません。保元の乱では、義朝と清盛は味方同士でしたし、平治の乱では代理戦争的な意味合いが強く、治承・寿永の乱の本質はあくまでも中央対地方の戦いでした。

いずれにしろ、いわゆる「源平の戦い」と言われる一連の「喧嘩」がもたらしたものは、「地方の武士の自立だった」という点に尽きます。保元の乱や平治の乱で、中央の権力者たちは武士という武力集団を動員することに注目します。その結果、治承・寿永の乱では地方の武士たちが、中央の朝廷の影響力から脱して、自分たちの政権を打ち立てようと兵を挙げたのです。

それまでの武士たちは、言ってみれば文字の読み書きもできないレベルの人たちでしたから、なかなか自らきちんと利益を確保し、貴族や寺社に言うべきことを主張しながら、財産を守るということができませんでした。そこに源頼朝という優秀なリーダーを見つけて、自分たちの利益を守ってもらえるよう、彼を担ぎ上げたのです。頼朝は、武士たちに足りないものを補うために京下りの文官たちを揃えて、朝廷に対してうまく交渉しながら、東国に「武士の、武士による、武士のための政権」を打ち立てることに成功しました。朝廷に自分たちの存在を認めさせたのです。

このように、頼朝の優れた点は、武士たちの真意を見抜いて、朝廷や西国と一定の距離を取り、東国で力を蓄えたところでしょう。結局、平氏も木曾義仲も、朝廷に近づきすぎたがために、墓穴を掘る結果となりました。中央で貴族となることで政権を打ち立てた平氏には、朝廷そのものと渡り合うための地方＝東国の武士たちのようなエネルギーがなかった。そうした爆発力を持っていた木曾義仲には、朝廷と巧みに交渉して利益を引き出すという交渉力がなかった。東国で力を蓄えた頼朝には、その両方があったのです。ですから関東の田舎で朝廷と折衝しながら、新しい権力体を築くことに成功したのです。

頼朝と義経に和解の道はなかったのか

最後に、頼朝と義経の「喧嘩」に、別の結末はあり得たのかどうか、和解の道はあったのかどうか、考えてみましょう。

表面上は、後白河上皇によってある種、翻弄《ほんろう》されたかたちに見える頼朝と義経の関係ですが、兄弟の対立の根本は、権力者の兄にとって最も近い脅威は弟であるという点です。弟が、権力を絶対に欲しないという状況が生まれなければ、この「喧嘩」に和解はあり得ないでしょう。それは何も、頼朝と義経の代だけの話ではありません。次世代でもこの兄と弟の関係は尾を引く可能性があります。

それゆえに、頼朝と義経が和解するためには、弟である義経が権力（への欲求）を手放し、子孫も残さない確約が必要になるのです。つまり、仏門に入ることでしょう。義経が悔い改め、出家していれば、命だけは助けてもらえたのかもしれません。

やはり、義経は一連の戦のなかで、「武士としてやってはいけないこと」を、多々やってしまっているのです。壇ノ浦の戦いの際にも、船を漕いでいた梶取《かんどり》という非戦闘員を射殺せと命令を出しています。義経は、梶取を殺せば船は動かなくなるから勝てると考えていたのでしょうけれども、非戦闘員を巻き込むというのは武士の風上にも置けない行為なのです。結局、それが梶原景時のような御家人の怒りを買い、頼朝に報告が行くようなことになったのでしょう。

先述したように、この梶原景時は、頼朝亡き後の鎌倉幕府を運営する合議制のメンバーに選出されますが、やがて政権内では御家人同士が血で血を洗う、仁義なき権力闘争が巻き起こることになります。その過程で、景時は義経を死に追いやった張本人として、あるいは頼朝の一番の側近として、頼朝への不満を一身に背負って、粛清されるのです。

鎌倉幕府における御家人たちの「喧嘩」については、次章で詳しく触れたいと思います。

第二章 源氏将軍VS北条氏

——戦いが王をつくる

京都に近づいた源頼朝の思惑

源頼朝は、東国の鎌倉に本拠を置き、京都の朝廷とはなるべく距離を取り、外交を通じて、朝廷側に自分たちの政権を認めさせる路線を取った点は、前章で詳しく触れました。頼朝を担ぐ東国の武士たちにとって、上洛することよりも自分たちの所領の安堵こそが重要だったのです。ですから、頼朝にとって京都の朝廷に近づきすぎることは、武士たちの信頼を損なうことに繋がりました。

これをよく理解していた頼朝は、伊豆に配流となって以降の生涯で、わずか二度しか上洛しなかったのです。一度目は、建久《けんきゅう》元（一一九〇）年十一月、後白河上皇と会談するために上洛。二度目は、建久六（一一九五）年三月、東大寺大仏殿の再建供養参列のため、正室の北条政子とともに上洛しています。

しかし、たった二度の上洛であっても、東国の武士たちに京都寄り、朝廷寄りになっていないかと不信感を抱かせるには十分でした。とりわけ、最後の京入りとなった二度目の上洛で、頼朝と政子が長女・大姫《おおひめ》の入内工作に動いたことは、「頼朝様は東国を離れて、朝廷との結びつきを強めようとしておられる」と御家人たちの反感を買ったのかもしれません。京都との外交を重ねるうちに、東国武士たちからは、頼朝が朝廷に次第に靡《なび》いているように見えたのだとすれば、やはり「武士の、武士による、武士のための政権」である鎌倉幕府は、あくまでも京都から距離を取り、朝廷から独立した存在として、政権を確立したいという、東国武士たちの強い要望によって支えられていたと考えられます。

とはいえ、もともと京都で育った頼朝は、あくまでも天皇と朝廷の信任を得ることを重視していた節があります。新興の権力主体が、その政治権力を確立する際には、先行する権力主体から、その正統性を承認される必要がある。そう考えていたのかもしれません。しかし、これは朝廷と西国からの独立を望んだ東国の武士たちとは大きく立場を異にするものでした。先述したように富士川の戦いの後で、上総《かずさ》広常《ひろつね》ら東国の武士は上洛しようとする頼朝に、関東に留まるよう進言していることからも明らかです。

他方、慈円《じえん》の『愚管抄《ぐかんしょう》』では、「関東のことだけを考えていればいい」と語る広常に、頼朝は「後白河上皇の命を受けている以上、京都をお守りすることは武士の義務だと考えている」と応じたとされています。あくまでも京都＝朝廷と交渉しながら、独立を保とうとする頼朝にとって、「京都のことなんてどうでもいい、関東は関東で好きにやればいい」というような発想は、かつての平将門のような幼稚な思想と大して変わらないのではないかと感じられたのかもしれません。平将門の乱はたちまちに鎮圧されてしまいましたが、将門と同じ轍《てつ》を踏まぬためには、自分たちの根拠や正統性を朝廷から得る必要があるのではないか。そのように考えた頼朝は、守護・地頭の設置、征夷大将軍への任命など、常に朝廷の承諾を前提にしながら、自分たちの政権の権益を確立していったのです。

その最中に、頼朝に「関東のことだけ考えていればいい」と進言した上総広常は、頼朝の腹心である梶原景時《かじわらかげとき》によって、暗殺されてしまいます。鎌倉幕府公認の歴史書『吾妻《あづま》鏡《かがみ》』にはこれに関する記事はありませんが、おそらく、頼朝にとって、京都とのパイプを保つ上で、広常の存在が邪魔になったのだろうと考えられます。

頼朝の急死と血で血を洗う蠱毒《こどく》の戦い

妻・政子とともに大姫の入内工作を続けた頼朝でしたが、果たせぬままに大姫が病気で亡くなり、そのわずか二年後の正治《しょうじ》元（一一九九）年一月十三日に頼朝も急逝します。『吾妻鏡』には頼朝の最晩年についてほとんど記録は残されておらず、その突然の死は、大きな謎に包まれていると言えます。死の前年に落馬し、その後体調を崩していたとされ、おそらく脳梗塞、もしくは脳溢血が原因と考えられています。

謎の多い頼朝の死には、しばしば暗殺を疑う説も唱えられています。有名なのは、建久四（一一九三）年五月に催された富士の大巻狩りでの、曽我《そが》兄弟の仇討ち事件です。『曽我物語』でも描かれるこの有名な事件は、実は仇討ちに乗じて、頼朝を亡きものにしようとしたのではないかとも考えられてきました。

いずれにせよ、頼朝に対する不満は、東国の武士たちのなかに、よほど溜まっていたのだろうと思います。

そして、頼朝の死をきっかけに、それが噴出するのです。その結果が、まさに鎌倉幕府というひとつの壺のなかで、さまざまな虫たち（毒虫）＝東国の武士たちが殺し合い、強大な蠱毒＝権力が誕生することとなるのです。

その最初の犠牲となったのが、頼朝の腹心である梶原景時でした。その後、北条氏と同じく源氏将軍家の外戚の地位にある比企《ひき》能員《よしかず》、武士の鑑《かがみ》とも言われた畠山《はたけやま》重忠《しげただ》、鎌倉の政権の「武」を代表する和田義盛と、次々に有力御家人が追い落とされ、殺されていきます。さらには頼朝の跡を継いだ二代将軍・頼家、三代将軍・実朝も亡きものとされ、源氏将軍家は滅亡してしまうのです。

こうした「仁義なき戦い」の裏には、頼朝とともに挙兵し、鎌倉幕府成立の立役者のひとりである北条氏の存在がありました。先述したようにこの血で血を洗うような戦いを制し、蠱毒として源氏将軍家の後の鎌倉幕府の実権を握ったのが、この北条氏だったのです。本章では、鎌倉における、源氏将軍家・御家人たちと北条氏との「喧嘩」を詳しく見ていきたいと思います。

二代将軍・源頼家は「暗君」だったのか

二代目の源氏将軍となった頼朝の嫡男・頼家には、まだ若く、頼朝のような政務はこなせないとみなされ、将軍の職務を補佐するために、有力御家人から一三人が選出されて、合議制が設けられました。この一三人からなる合議制が、将軍の代わりにさまざまな訴訟の処理を行ったのです。鎌倉幕府の将軍にとって、最も重要なことは、御家人たちの土地の安堵です。土地の境界などをめぐって、御家人同士で訴訟沙汰となった際には、将軍の裁量でこれに裁決を下します。

頼家は、こうした訴訟において、ろくに意見も聞かずに独断で裁定を行ったとされ、しばしば暗君とみなされました。それゆえに、合議制が発足したという理屈ですが、果たしてそれは本当だったのか。

実は、頼朝の裁決の仕方にしても、頼家と大した違いはなかったのです。基本的には頼朝も頼家も、最終的には自身の決断によって裁決します。その意味では、頼家も方法は間違っていなかったのですが、頼朝はきちんと双方の意見を聞いて、お互いが納得できるような落としどころを見つけるのがうまかったのでしょう。

また、挙兵から苦楽を共にした経験を共有する、「俺たちの棟梁」である頼朝の言うことならばと御家人たちは納得して従ったのだと思います。優秀な創業者を父に持つ子の、ここが難しいところです。

頼家が本当に暗君だったかどうかは定かではありませんが、少なくとも合議制が発足したことにより、頼家を政治に関与できなくさせたことは、大きかったと言えるでしょう。

文官枠を重視した「鎌倉殿の一三人」構成メンバー

先述したように、頼家の補佐として設けられた一三人の合議制には、鎌倉の有力御家人たちが選出されました。次の一三人が合議によって鎌倉幕府の政務運営を担うこととなったのです。

・北条時政　・北条義時　・大江広元
・三浦義澄《よしずみ》　・和田義盛　・梶原景時
・安達盛長　・比企能員　・三善康信
・中原親能《ちかよし》　・八田《はつた》知家《ともいえ》　・足立《あだち》遠元《とおもと》
・二階堂行政

それでは、いったいどのような理由で、この人たちが選ばれたのでしょうか。ひと目でわかるのは、鎌倉幕府の重要な役職に就いていた人物がまず選ばれている点です。鎌倉幕府には、政治を司る政所《まんどころ》（公文所《くもんじよ》）、軍事を司る侍所《さむらいどころ》、そして詳細はよくわかっていませんが訴訟などの判決を仰ぐ機関として発足したとされる問注所《もんちゆうじよ》という機関がありました。

政所からは別当《べつとう》（長官のこと）の大江広元、侍所からは別当の和田義盛、そして所司（副長官のこと）の梶原景時が選出されています。また問注所からはやはり長官職にあたる執事の三善康信が選ばれました。

頼朝は政権を確立するにあたって、文官を重用したことで知られます。東国の武士の多くは、読み書きができなかったのです。そのため、頼朝は大江広元など、京下りの文官を多数、登用しています。政権の運営にあたっては文書を扱える文官の存在が必要不可欠なため、鎌倉幕府の中枢にも、文官が置かれる場合が多かったと言えるでしょう。

文官が中心である政所や問注所の長官である大江広元、三善康信は当然ながら文官枠に重なります。また、中原親能や二階堂行政も文官枠として合議制のメンバーに選ばれたものと考えられます。

これに加えて、北条時政もまた読み書きのできる武士で、自筆の書状が現存しますが大変に美しい字で記されています。頼朝の名代を務めて上洛し、後白河上皇や朝廷の貴族らを相手にさまざまな交渉を行って、利益を引き出したことからもわかるように、武人としてだけでなく文官としても目覚ましい活躍をしていました。北条時政と同じように、頼朝の腹心であり、その子・頼家にとっては「一の郎等」とまで言われた梶原景時もまた、読み書きができる文武に優れた武士でした。北条時政と梶原景時の二人は、文官・武官を兼任できる数少ない有力御家人だったのです。

また、足立遠元も、政所の前身だった公文所の役人として働いた武士であり、文官枠もしくは文武兼任枠としての選出だったと思われます。

その一方で、武力・軍事の面では秀でていたものの合議制には選ばれなかった有力御家人もいます。下総《しもうさ》の千葉常胤《つねたね》、下野の小山朝政《おやまともまさ》、武蔵の畠山重忠らは実力からして、一三人の合議制に入っていてもおかしくありませんが、実際には選ばれていません。その意味では、合議制のメンバーには、政治を運営するための文官的な能力が求められていたと考えられます。

北条派と反北条派の権力闘争

合議制のメンバー選出基準について、役職枠と文官枠の観点から見てきましたが、これらに加えて源氏将軍家との姻戚枠も、その選出基準のひとつだったと考えられます。

ご存じのように北条時政は、頼朝の正室である北条政子の父です。息子の北条義時は、政子の弟にあたります。父子の二名が合議制に選出されているのはかなり異例ですが、源氏将軍家の姻戚枠として説明できなくもないでしょう。

そもそも合議制は二代将軍・頼家の代で発足しますが、この頼家と深い関係にあったのが、比企能員と比企一族でした。比企能員は、頼朝の乳母である比企尼の甥にあたります。当時、乳母との関係は深く、頼朝が伊豆に配流となったのちも何かと目をかけていたのは、この比企尼でした。頼朝との深い関係もあり、比企能員の娘・若狭局は頼家に嫁ぎ、嫡男の一幡《いちまん》を産んでいます。つまり、比企能員は二代将軍・頼家の外戚として、政権の中枢にあったのです。

比企一族との関係で言えば、伊豆配流となった頼朝に唯一、付き従った古参の家臣である安達盛長は、比企尼の娘婿でした。ただ、彼は頼朝と北条政子との仲を取り持ち、のちには安達家は北条氏に代々、娘を嫁がせる家系となっていったところを見ると、比企一族の縁者ながら、北条氏と深い関係にある人物と言えます。

このように見てくると、残りの三浦義澄、八田知家がなぜ、一三人の合議制に入っているのかがよくわかりません。彼らが選ばれていて、なぜ千葉常胤や畠山重忠らが入っていないのでしょうか。おそらくここに、合議制を発足した人物の意図が隠されているのではないかと思われます。

三浦義澄は、相模《さがみ》国を代表する武士で、三浦半島に大きな勢力を有しており、私的にも北条氏と近い関係にあったようです。そのため、三浦義澄が選出されたのは北条氏、すなわち北条時政の意向が強かったのではと推察できます。また、侍所別当としての役職枠で選出されたと考えられる和田義盛は三浦一族の出ですから、彼もまた北条派だったと思われます。

反対に、八田知家の場合はどうでしょうか。彼は、曾我兄弟の仇討ちに乗じて、挙兵に及ぼうとした常陸《ひたち》国の大掾《だいじょう》氏を討伐し、同氏の領地を引き継いで守護を務めています。この曾我兄弟の烏帽子《えぼし》親《おや》は、実は北条時政であり、仮にこの仇討ち騒動が頼朝暗殺並びにクーデターだったとすれば、その黒幕は北条時政だった可能性もあります。そのため、これを未然に防いだ八田知家は、自然と反北条派、つまり比企派になるのかもしれません。

史料の少ない足立遠元は、一三人の合議制発足後、北条氏の息のかかった鎌倉幕府の歴史書『吾妻鏡』には、まったくと言ってよいほど登場しなくなります。北条氏の影響力が強くなって以降、目覚ましい活躍はないと言えるのです。その点から考えると、足立遠元は北条派には与《くみ》しなかったのかもしれません。

つまり、一三人の合議制をつぶさに見ていくと、北条派と反北条派という大きな派閥に二分されるのです。北条氏だけ父子の二名が選出されていることから考えると、将軍・頼家の権力を無力化させようとする北条時政の思惑から合議制は生まれ、逆に頼家の外戚として力を振るいたい比企能員は、自分の息のかかった人間を合議制に入れることで、北条氏の専横に待ったをかけたというわけです。また、北条時政のように文武に秀でた梶原景時は、頼朝の寵愛を受け、その後継の頼家の「一の郎等」です。源氏将軍家を守る立場と

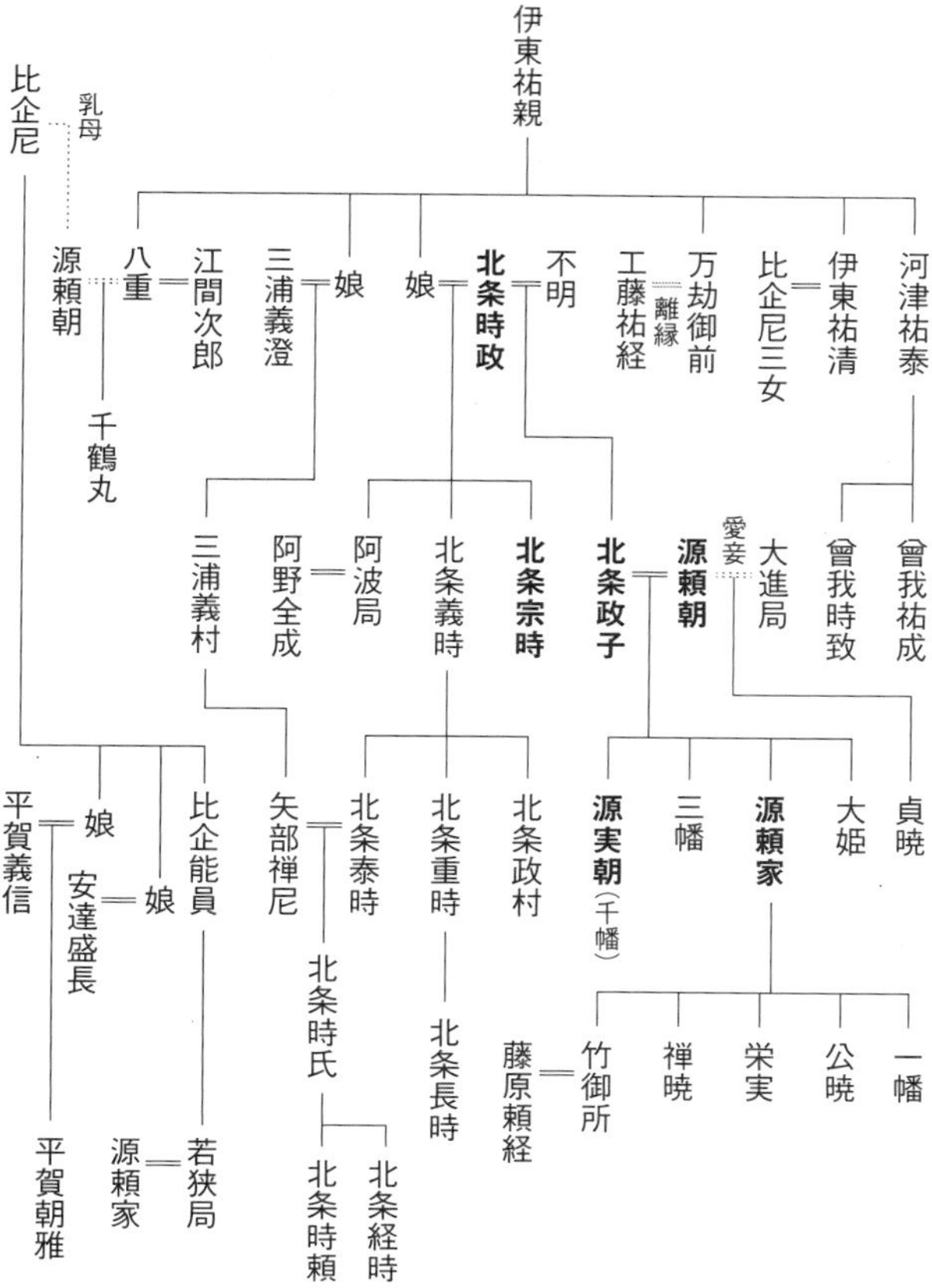

源氏将軍と北条氏関係図

して、反北条の態度を示したと考えられます。

そもそも、頼家派である比企能員や梶原景時にとって、将軍が頼家である以上、合議制など必要ありません。源氏将軍家の権力を奪い、自らが権力を振るおうとした北条氏だからこそ、合議制を必要としたのではないでしょうか。

野心をあらわにした北条時政

合議制発足後、その秘めた野心をあらわにしたのが北条時政でした。次々と他の有力御家人たちを失脚させ、誅殺し、北条氏が鎌倉の実権を握るように陰謀をめぐらしたのです。こうした北条時政の出世欲は、頼朝の死後、とりわけ一三人の合議制発足前後より、顕著になっていったのです。

伊豆国の小さな勢力しか持たない一豪族に過ぎなかった北条氏が生き抜くために、時政はきっとさまざまな権謀術数をめぐらせなければならなかったでしょう。早くから野心を剝《む》き出しにして目立つ存在であっては、生き延びることはできなかったはずです。

時政は伊豆に配流となった源氏の御曹司である頼朝に賭けたのです。そして、わずかな兵で立ち上がった頼朝と時政は、ついに朝廷から一定の独立を勝ち取ることとなりました。

頼朝存命中は、巧妙に牙と爪を隠して、御家人たちからの信任を得られるよう、謙虚に振る舞っていたのかもしれません。だからこそ時政が合議制の導入を提案しても、野心など微塵も感じさせない態度に、まさか二心ありとは誰も思わなかったのではないでしょうか。

こうして、時政は合議制を発足させ、巧妙に将軍の権力を奪うと、その秘めた野心をあらわにして、権力簒奪《さんだつ》へと動くのでした。そして、父・時政のお株を奪うかのように、その息子・北条義時もまた、さまざまな謀略をめぐらしていくのです。

梶原景時の哀れな失脚

北条時政による謀略の最初の犠牲となったのが、先述したように、頼家の側近のナンバー1であった梶原景時でした。上総広常を暗殺するなど、頼朝の忠実な部下でもあり、文官もこなせる文武に優れた有力御家人のひとりです。頼朝と頼家の二代にわたって、源氏将軍から信任が厚かった景時でしたが、信頼され「すぎた」ことが逆に仇となり、他の御家人たちの反感を買ってしまうことになるのです。

頼朝の寵愛を受けた御家人・結城《ゆうき》朝光《ともみつ》が、頼朝の死後、「忠臣は二君に仕えずと言うが、頼朝様が亡くなったときに仏門に入ればよかった」と嘆いたということがありました。これを聞きつけたのが、頼朝の異母弟である阿野全成《あのぜんじょう》の妻・阿波局《あわのつぼね》でした。阿波局は結城朝光に「梶原景時殿が、あなたの発言は謀反の表れだと頼家様に訴えて、あなたを討つらしい」と伝えたのです。驚いた朝光は、三浦義澄の子・三浦義村《よしむら》に助けを乞います。すると、三浦義村は「景時の讒言《ざんげん》で、命を落としたり失脚したりした者は数え切れない。世のため、頼家様のためにも退治しなければ」と述べ、御家人たちを集めて弾劾状を準備することになったのでした。

　御家人たちの脳裏には、上総広常を亡きものにした梶原景時の姿が浮かんだことでしょう。また、とかく権力者の側近は、当の権力者以上に嫌われるものです。

　たとえば、豊臣秀吉の死後、秀吉の腹心であった石田三成が豊臣家恩顧の武将たちから散々に嫌われています。三成にすれば、秀吉の命に忠実に従っていたに過ぎません。三成の差配は、秀吉の差配です。本来ならば三成を恨《うら》むのはお門違いなのですが、秀吉には直接、不満を言えなかった武将たちの怒りを、その一番の側近が引き受けざるを得なかったのです。加藤清正や福島正則らによる石田三成の襲撃事件は、こうして起こったのでした。

　梶原景時の場合も石田三成の例とよく似ています。御家人たちは京都寄りになっていく頼朝に不満を感じていました。しかし、御恩のある頼朝にはそれを直接は言えません。だから、頼朝の死後になって、その不満は一番の家臣であった梶原景時に向かっていったのです。

義村の呼びかけに、総勢六六人の御家人が賛同したことで、いかに梶原景時が嫌われていたのかがよくわかります。この弾劾状には、一三人の合議制のメンバーのうち、三浦義澄や安達盛長のような北条派の御家人だけでなく、反北条派である比企能員なども名を連ねました。

正治元（一一九九）年十一月、頼家は一旦、景時に弁明の機会を与えましたが、景時は抗弁することなく、自らの領地で謹慎しました。結局、頼家は自らの「第一の郎等」を庇《かば》うことができず、景時は鎌倉追放となり失脚します。このとき、景時は一族を引き連れ、再起を図るべく西国へと向かいました。しかし、駿河国清見関に差し掛かったところを、御家人の吉川友兼《きつかわともかね》らと遭遇し、戦闘となって討ち取られてしまいました。

景時の失脚のきっかけをつくった阿波局は、北条時政の娘で、北条政子の妹にあたります。また、景時が命を落とした駿河国の守護は時政その人でした。景時の失脚と殺害の裏には、北条氏の思惑が動いていたと考えるのが自然でしょう。

景時を殺した張本人である吉川友兼は、この襲撃の際の矢傷がもとで亡くなりましたが、その息子が、景時追討の褒美として、景時の旧領地である播磨《はりま》国の地頭となっています。結城朝光の兄である小山朝政は、播磨国の守護となりました。景時死後の論功行賞では、北条氏の息がかかった人物が、景時の所領を得る結果になったのです。

二代将軍・頼家と比企能員の死

景時の失脚と殺害が、誰にとって益になったのかは、一目瞭然でした。源頼家としては、一番の側近を失ったのです。頼家派・反北条派からすれば大きな痛手だったことでしょう。にもかかわらず、こうした情勢を読めていないのは、比企能員でした。彼は、同じ反北条派であった景時の弾劾状に賛同し、わざわざ、自分にとって都合のよいはずの勢力を削ぐことに協力してしまっているのです。大変な悪手であり、無能というほかありません。

景時を殺されて心中穏やかでない頼家は、景時失脚の要因をつくった阿波局の夫・阿野全成に謀反の疑いをかけ、殺害してしまいました。これにより、頼朝の兄弟はすべて亡くなったことになります。このとき、頼家の命を受けて全成を討ったのは、一三人の合議制のメンバーである八田知家でした。

建仁《けんにん》三（一二〇三）年八月には、頼家が病に倒れ、回復の見込みも薄かったことから、政権内では頼家の後継者について議論されるようになりました。頼家の系統を繋げたい反北条派・頼家派の比企能員は、頼家の子・一幡を後継者に推します。他方、北条氏では、時政の娘・阿波局が、頼朝の次男で頼家の弟にあたる千幡《せんまん》（のちの源実朝）の乳母でした。そのため、後継者には千幡を推すこととなります。頼家の後継者問題は、そのまま北条氏対比企氏の争いとなりました。

　同年九月、比企能員は、病床の頼家に北条時政の追討を進言し、承諾させます。これをたまたま障子を隔てて盗み聴いた北条政子が、急ぎ、父・時政に知らせたと『吾妻鏡』には記されていますが、本当にそんなことがあったのか、定かではありません。

　ともかく、比企能員と頼家の謀略を知った時政は、逆に比企能員を亡きものとする計画を立てました。仏像供養を行うため、比企能員を北条の館に招いたのです。ここでも力量のなさを露呈させたのは比企能員のほうでした。すでに対立関係にあり、いつ寝首をかかれてもおかしくないライバルの館へ、能員は武装もせずに平服姿で現れたのです。

　結局、比企能員は北条の館で斬り殺されてしまいました。時政は、能員を討った勢いで、比企の館へと攻め込み、館にいた一幡と比企一族を皆殺しにしてしまいました。こうして、比企能員は、その脇の甘さゆえに、自らと一族を滅亡に追い込んでしまったのです。

時政の誤算は、にわかに頼家の病が回復へ向かったことでした。一命を取り留めた頼家は、頼家派の中核であった比企能員と、自らの嫡男・一幡が殺されたことを聞きます。それで北条時政憎さに、和田義盛らに時政追討を命じたのです。しかし、北条派であった義盛は、時政を討つどころか、追討の命が下ったことを直ちに時政に伝えました。

時政は、病気のため政務の続行は難しいことを理由に頼家を出家させると、鎌倉から追放し、修善寺へと幽閉しました。同地は、北条氏配下の土地です。幽閉の翌年には、同地で頼家は謎の死を遂げました。『愚管抄』や『増鏡《ますかがみ》』には、北条氏の手の者によって暗殺されたと記されています。

武士の鑑・畠山重忠の死

こうして源氏将軍家の後継は、頼家の弟・千幡に決まり、三代将軍・源実朝となります。その後見人として、政治の実権を握ったのが北条時政でした。

北条氏による「喧嘩」はまだ終わりません。次なる「喧嘩」相手となったのが、武蔵国の有数の武士集団・秩父《ちちぶ》党の中心人物となった、鎌倉武士の鑑・畠山重忠でした。御家人たちからも人気の高い重忠を、時政は亡きものにしようと動いたのです。

発端は、元久元《げんきゅう》（一二〇四）年十一月、平賀《ひらが》朝雅《ともまさ》の館で催された宴会の席上で、朝雅と畠山重忠の嫡男・重保《しげやす》が口論となったことでした。平賀朝雅は、時政の後妻・牧の方との間に生まれた娘の夫にあたります。怒りの収まらない朝雅は、義母である牧の方に告げ口し、激昂した牧の方は夫の時政に讒言したのです。こうして、時政は畠山父子を謀反の罪で誅殺しようと考えました。

こうしてまず重保を鎌倉に呼び寄せ、討ち取ると、鎌倉に向かっていた重忠の軍兵を時政の息子・義時らが討ちました。圧倒的な兵力差にもかかわらず、重忠を討つのに四時間以上もかかったとされています。

このとき、義時は畠山父子の討伐にはもともと反対していたとされます。『吾妻鏡』には、父・時政を「重忠が謀反などするはずがない。軽率に誅殺すればきっと後悔する」と諫《いさ》めたとあります。重忠を討ったのち、義時は父・時政と面会し、「重忠の軍勢は少なかった。謀反の企ては嘘に違いない」と詰め寄りました。おそらく、畠山父子の追討に加わった御家人たちの間にも、これが時政による陰謀であるという見解が広まっていたのだろうと思います。

時政はその疑いを晴らすために、重忠と同じ秩父党の武士である稲毛《いなげ》重成《しげなり》らを口封じに処罰し、殺しています。稲毛たちが秩父党の実権を握るために、畠山父子を陥れたのだと虚言を流しましたが、北条時政の陰謀であることは誰の目にも明らかでした。

実父・時政をも屠《ほふ》る北条義時の陰謀

こうして、北条時政と北条義時の父子の間に、大きな亀裂が走ることとなります。もともと義時は北条姓ではなく江間《えま》姓を名乗っていました。彼は時政の息子ではありましたが、本来の後継であるはずの嫡男の宗時《むねとき》は石橋山の戦いの際に戦死していました。つまり、そもそも、義時は時政の後継とはみなされてはいなかったのです。

時政の後妻・牧の方は、娘婿の平賀朝雅を四代将軍にするべく、時政と共謀として実朝の追い落としを画策しました。しかし、義時とその姉で実朝の実母である北条政子は、牧の方とは相容れず、時政の館を襲撃して、実朝を奪還します。こうして、義時は時政から北条氏の実権を簒奪することに成功するのです。

時政と牧の方が謀《はか》って実朝を追い落とそうとした事件は「牧氏の変」と呼ばれますが、この将軍位簒奪の計画が果たして本当にあったかどうかは定かではありません。おそらく、義時が父・時政を失脚させるためのデマだったのでしょう。義時は、まさに時政のお株を奪うかのように、陰謀をめぐらせたのです。

こうして時政は出家させられ、鎌倉を追放されました。命までは取られなかったのは、前章でも述べたように、父殺しというのはタブーに等しい行為だったからです。時政追放後、義時は江間姓から北条姓に改名しています。名実ともに、北条氏の当主となったわけです。『吾妻鏡』は、北条の歴史は義時から始まったとし、義時を北条家の初代に位置付けています。

鎌倉幕府における蠱毒の「喧嘩」は、実の父と子が権力への欲望を剥き出しにして争う結果となったのです。

和田義盛の死と和田一族の滅亡

有力御家人を次々と失脚させ、殺めていくことで、自らに権力を集中させた北条時政の手口は、息子の北条義時に確実に受け継がれていました。義時が標的にしたのは、鎌倉政権の「武」を代表する和田義盛とその一族です。もともと北条派に与したとされる和田義盛でしたが、その武力は、北条氏にとっても脅威になりかねない存在でした。

建暦《けんりやく》三（一二一三）年二月、信濃《しなの》国の武士・泉親衡《いずみちかひら》の反乱計画が発覚し、これに名を連ねていた者たちが義時らに捕縛されます。そのなかには、和田義盛の息子や甥たちの姿もあったのです。義盛の嘆願で、息子の助命は受け入れられましたが、甥たちは許されませんでした。義時は再三にわたって義盛を挑発し、その結果、和田一族の暴発を引き起こさせたのです。

建保《けんぽう》元（一二一三）年五月、和田義盛とその一族は鎌倉で挙兵に及びました。鎌倉での初めての市街戦となったこの戦いでは、義時の息子・北条泰時《やすとき》の活躍もあり、北条勢は次第に義盛の軍勢を圧倒していきます。三代将軍・実朝から義盛追討の命を得て大義名分を手にした義時が攻勢に出て、義盛をはじめとする主だった和田方の武士たちは皆、討死を遂げました。

和田義盛を討ったことで、義時は義盛が持っていた侍所別当の役職を得ることとなります。このとき、北条氏はすでに和田一族の「武」に頼らなくてもよいほどに、勢力を拡大させていたのです。軍事部門の長であった和田義盛との真っ向からの合戦で勝利したことは、名実ともに北条氏が鎌倉幕府のナンバー1の実力を持っていることを知らしめる結果となりました。

東国武士VS源実朝・朝廷

鎌倉幕府における御家人たちの「喧嘩」は、北条時政から北条義時へと移り変わり、北条氏は大きな力を得るに至りました。その結果、とうとう三代続いた源氏将軍家すら必要としなくなるほどになったのです。

北条氏が後見となった三代将軍・実朝は、次第に朝廷との結びつきを強めるようになります。もともと京都の文化に憧れていた実朝は、後鳥羽《ごとば》上皇の計らいで、藤原定家《さだいえ》に和歌の添削をしてもらうなど、後鳥羽上皇との関係を深めていきました。また、後鳥羽上皇の近臣である権大納言《ごんだいなごん》・坊門信清《ぼうもんのぶきよ》の娘・信子《のぶこ》を妻に迎えています。信清は後鳥羽上皇の生母の弟にあたります。坊門家の娘が鎌倉へと下向することで、東国へ一挙に京都の文化が流れ込んだと言われます。

さらに、後鳥羽上皇は実朝を自らの近臣として、鎌倉幕府の実権を掌握しようとしました。叙位任官によって、実朝を異例のスピード出世させたのです。ついには父・頼朝をしのぐ、右大臣の位に任じられています。

かつて頼朝がそうであったように、朝廷との結びつきを強める実朝に対して、東国の武士たちの不満は高まっていきました。武士の棟梁である実朝の役割は、あくまでも「武士の、武士による、武士のための政権」を維持し、武士たちの権益を守ることです。それが、朝廷の強い影響下に置かれてしまえば、もはや実朝を担ぐ意味がありません。そうなると、御家人たちの間で、自分たちの代表ではなくなった源氏将軍を排除しようという動きが出てくるのでした。その極め付きが、実朝暗殺だったのです。

建保七（一二一九）年一月二十七日、実朝は右大臣昇進を祝し、神事を執り行うために鶴岡八幡宮に参拝します。儀式を終え、あたりが雪に包まれるなか、拝殿を出てきた実朝は、二代将軍・頼家の息子・公暁《くぎょう》らの襲撃を受けました。『吾妻鏡』によると、このとき、神事の御剣役を務めるはずだった北条義時は、「急に心身が乱れ」たために早々に帰宅していたとあります。代わりに剣役を務めたのが、京都から下り、実朝の教育係となっていた源仲章《なかあきら》でした。公暁は仲章を実朝ともども殺害してしまったのです。

このとき、公暁は「父の仇を討ったぞ！」と叫んだとされます。その後、実朝の首を奪い逃亡。自らの乳母の夫である三浦義村に使者を送って、「自分こそが関東の主にふさわしいから、よろしく計らうように」と伝えました。義村は公暁を自邸に招きつつ、同時に義時とも通じて、公暁追討の命を受けると、最終的には公暁を討ち取ったのでした。

公暁による襲撃の直前に、まるで謀ったようにその場を辞退した北条義時は、実に怪しい存在と言えるでしょう。実朝の暗殺には、北条義時のほかにも、三浦義村黒幕説、後鳥羽上皇黒幕説など、さまざまな説が唱えられていますが、実行犯の公暁が討たれたのち、幕府側はその背後関係についての調査を一切行いませんでした。そこにはすでに幕府の実権を掌握していた義時の意図が窺《うかが》えるとともに、御家人たちの暗黙の合意があったように思えます。

実朝は急速な出世によって高い官位を得るとともに、後鳥羽上皇や朝廷との結びつきを深めていました。東国の武士たちからすれば、「実朝様は自分たちのことよりも上皇様と朝廷のご機嫌を取ることに熱心になっている」と見られたのかもしれません。

源氏将軍はなぜ三代で滅びたのか

実朝暗殺の原因ですが、すでに北条氏が政権を掌握していたその時点で、鎌倉幕府と御家人たちにとって、源氏将軍家は必要ない存在になっていたことが大きかったのでしょう。

実朝暗殺以降、頼朝の弟の阿野全成の嫡男である阿野時元《ときもと》、頼家の次男で公暁の弟にあたる禅暁《ぜんぎょう》は、次々と亡きものにされました。いずれ源氏将軍の血統を担いで、北条氏に反旗を翻《ひるがえ》す勢力が現れないとも限りません。北条氏は、その権力基盤の確立のために、徹底的にライバルを封じていったのです。

その結果、源氏将軍家はわずか三代で滅びることとなりました。

一三人の合議制のなかで、政治において頭角を現すとともに、ライバルを次々に蹴散らし、最終的には軍事においても、鎌倉幕府トップである和田義盛とその一族をねじ伏せるまでに至った北条氏。文武において強大な力を手にした北条義時と北条氏は、以降、執権という立場で、将軍の力を上回る存在となり、鎌倉幕府を動かしていきます。言わば北条執権体制の確立です。

その後、後鳥羽上皇との対決となった承久《じょうきゅう》の乱に勝利し、朝廷の権威は失墜し、幕府の力が増していくのです。後鳥羽上皇ら三人の上皇を配流に処したのちには、幕府が次の天皇の即位を決めるようになりました。ここに、日本史における大きなターニングポイントが生じ、「武士の世」が始まったのです。

「仁義なき戦い」がもたらしたもの

さて、鎌倉幕府内における「蠱毒」の「喧嘩」、御家人同士が政権の座を懸けて争う「仁義なき戦い」の様子を本章では見てきました。さまざまな虫たちは最後の一匹として生き残るために殺し合うという宿命を持っていたのだと思います。戦わなければ生き残れない。ひとつの壺のなかに入った彼らに和解の道はあり得なかったでしょう。

政権争いにおいて重要なのは、争う人間たちがそれぞれ、自分が権力を手にしたときにどのような政治権力体制を築き上げるのか、そのビジョンを明確に持つことです。しかし、一三人の合議制のメンバーたちも、そのほかの御家人たちも、それぞれが独自のビジョンを持ち、その実現のために相争っていたのかというと、否でしょう。

この時点では、誰が勝って政権の座に就いたとしても、政治体制の抜本的な改革などはなされなかったと思います。そのような政策を明確に打ち出した人間がいたのかどうかもよくわかりません。極論を言えば、誰が勝ってもよかったのだろうと思うのです。北条でなくとも、三浦が勝とうが、和田が勝とうが、比企が勝とうが、畠山が勝とうが、それほど違いはなかったと思います。

古代ギリシャの哲学者・ヘラクレイトスが「戦いが王をつくる」と言いましたが、まさにその通りで、この「喧嘩」でも戦いに勝った者が王であり、勝者が偉いのです。それゆえにどんな手段を使おうとも勝てばいい。まさに「仁義なき戦い」です。

そのなかで、権謀術数に優れた北条氏が頭ひとつ抜け出て、戦いを制することでついには幕府の実権を握り、朝廷にも勝利するような結果となりました。

こうした血で血を争う凄まじい「喧嘩」の結果、何が残ったのでしょう。歴史的に見て、その後の北条氏は、しばらく名君揃いなのです。やはり厳しい競争というものが、優秀な人間を育てるのかもしれません。

元仁《げんにん》元（一二二四）年に義時が亡くなると、息子の北条泰時が跡を継ぎ、さまざまな幕府内改革を行います。泰時は承久の乱ののち、その戦後処理・西国支配のために設けられた六波羅探題で政治を執り仕切っていましたが、その京都滞在中に律令などのアイデアから施政のヒントを得ました。武士が中心の鎌倉幕府においても、武力だけでなく法の支配が重要になると考えたのです。そこで自分たちの時代にも合った法整備に力を注ぎ、制定されたのが、有名な御成敗式目でした。

その後、鎌倉幕府は一五〇年ほど存続することになりますが、その安定に寄与したのは、泰時による法の支配の導入と、御成敗式目の制定だったのです。

第二章

鎌倉幕府VS地方武士

——ケチな出し惜しみが滅亡を招く

幕府の滅亡を招いた「喧嘩」とは

鎌倉幕府創設の時代から、有力御家人同士の「喧嘩」、そして北条執権体制の確立までを前章までで見てきました。蠱毒《こどく》の「喧嘩」、仁義なき戦いの果てに、北条泰時《やすとき》のような名君が登場するなど、鎌倉幕府は、一時は安定的な政権として機能します。しかし、およそ一五〇年続いた政権にも終わりが訪れるのです。鎌倉幕府に終焉をもたらした「喧嘩」について、本章では見ていきたいと思います。

そもそも鎌倉幕府は、なぜ滅亡したのでしょうか。現在の定説では、鎌倉幕府と時の権力者で北条得宗家当主である北条高時《たかとき》を滅ぼし、建武《けんむ》政権を打ち立てた後醍醐《ごだいご》天皇の存在であるとされています。

しかし、鎌倉幕府の屋台骨は、それ以前の二度のモンゴル（蒙古）襲来、いわゆる元寇によってすでに揺らいでいたと言えます。この頃から鎌倉幕府の衰退と滅亡は始まっていたと言えるでしょう。さらに言えば、最終的に鎌倉幕府を滅ぼしたのは、足利尊氏（もともとは高氏という名でしたが、のちに尊氏と改名します。本書では尊氏の表記で統一します）だったのだと私は考えています。

したがって、本章では、鎌倉幕府の滅亡に関して、鎌倉幕府とモンゴル軍の「喧嘩」、そして鎌倉幕府と足利尊氏の「喧嘩」というふたつの「喧嘩」を取り上げてみたいと思います。

実は日本を攻めるつもりはなかったフビライ

そもそもモンゴルの襲来のような外国との関係に関する外交史というのは、日本史の分野ではそこまで議論が進んでいないのが現状です。ですからこの二度の元寇を考える上では、日本史よりも東洋史やモンゴルの歴史研究を参考にすべきだと私は思います。たとえば、モンゴル史研究を専門とする京都大学名誉教授の杉山正明先生は、「モンゴルのフビライ・ハンは、もともと日本を本気で攻めようとは思っていなかったのではないか」と述べています。

このとき、モンゴル帝国の第五代皇帝フビライ・ハンは、中国大陸に元という国をつくり、初代皇帝になろうとしていました。中国大陸における伝統的な王朝の皇帝に即位する際に、フビライが重視したのは、東アジア世界に影響力を持つ中華思想でした。

中華思想においては、伝統的に中国の皇帝とは、徳の高い人物が即位するものであり、東アジア周辺の国々は、中華の皇帝の徳を慕って挨拶に来るという世界観があります。この思想によって古来、中国で成り立ってきたのが「冊封《さくほう》体制」でした。

冊封体制においては、東アジアの国々は中国を宗主国と仰ぎ、中国の皇帝から「お前をこの国の王と認める」とお墨付きをもらいます。こうして中国の皇帝は各国を庇護《ひご》下に置くのです。東アジアの国々は、中国王朝の「朝貢国」になります。中国は周辺諸国を自分たちの配下に置くことができ、朝貢国として認められた各国の王たちは、中国の皇帝という強力な後ろ盾を得ることができるのです。朝鮮やベトナムは中国の朝貢国であったため、元号や文字などは、中国王朝と同じものを使用しました。

冊封体制を受け入れ、朝貢国になるということは、周辺国にも大きなメリットがありました。朝貢国は宗主国の中国に対して貢物を持っていかなければなりませんが、その帰りには貢物の一〇倍ものお土産を持たせてもらえるのです。皇帝へ使者を出す際の旅費・宿泊費なども中国がすべて負担するため、朝貢国にとっても莫大な利益があったのです。

日本は、この冊封体制に完全に入ることはありませんでしたから、中国とは異なる元号や文字を用いています。とはいえ、隋や唐の時代には、遣隋使・遣唐使を通じて、中国とは国交を持っていました。

フビライもいきなり、日本に攻め込んで来たわけではありません。襲来の前に、日本へ何度か使いを送ってきているのです。

モンゴルからの使者が携えてきた国書は、大宰府から京都の朝廷へと送られ、文章博士の菅原長成《すがわらのながなり》が返書の草稿を書くこととなりましたが、返信しようというときになって、鎌倉幕府がストップをかけました。幕府は、「対外的な交渉は自分たちで行うので、朝廷はおとなしくしていてください」と主張したのです。こうして、朝廷は幕府の意向に従いましたが、しかし、その後も幕府は国書に返信しないどころか、モンゴルからの使者をもてなすこともしませんでした。

いつまでも返信がないことを不審に思ったフビライは、再度、使者を派遣するのですが、またもや幕府はそれを無視したのです。

フビライの国書のどこに注目するか

フビライの使者が携えてきた国書とは、いったいどのような内容だったのか。簡単に要約するならば、そこには中華思想に基づいて「私のところに挨拶に来るように」「もし来なかったら知らないからな」というようなものでした。

この国書に関して、「私のところに挨拶に来るように」という前半のメッセージと、「もし来なかったら知らないからな」という後半のメッセージのいずれに重きを置くかで、解釈はまったく異なります。

歴史研究者による分析は非常に少ないのですが、作家の陳舜臣先生は、「表向きは丁寧だが、意味するところは、極めて無礼である」と述べています。また『銀河英雄伝説』シリーズで有名な作家の田中芳樹先生も、この国書は「極めて無礼で、日本側がどう対応しても日本に攻めるつもりだ」と書いています。

陳舜臣先生も田中芳樹先生も、作家の方々は、表向きの丁寧さに騙されず、その中身・意図を読み込めとおっしゃっているように思えますが、しかし、私たち歴史研究者が文書を見る際に第一に押さえなければならないのは、その「形式」です。現代でも手紙を書く際には、「拝啓」から始めて、「敬具」で終わるように、文書には一定のルールやマナーというものがあります。国書においても、それを見る際にはこうした一定の形式を踏まえて読まなければなりません。

そこで、フビライの使者が携えてきた国書を見てみると、最後に「不宣」と書かれています。これは自分が高く評価している相手や友人などに使うような言葉で、相手を低く見ているときなどには絶対に使わない言葉です。ですから、モンゴル側からこのような形式の国書が来るということ自体、モンゴルが日本をそれなりに尊重していたと考えるのが自然でしょう。

「不宣」という言葉が使われている国書であることから、作家の先生たちの見解に反して、「私のところに挨拶に来るように」という友好的なメッセージのほうが重要なのではないかというのが、東洋史研究者の見解なのです。

フビライの使者の日本分析は正確だった

フビライが日本を侵略・征服しようとはしていなかったもうひとつの証拠として、フビライから派遣された使者・趙良弼《ちょうりょうひつ》の記録が残されています。一年ほど日本に滞在して、自らが見聞したことをつぶさに記録し、フビライにレポートとして提出しました。そこには、およそ、次のように記されていたのです。

「日本の国土は肥沃《ひよく》でもなく、農産物も豊かには実りません。掘っても何も出ず、特産物もさほどありません。わざわざお金を注ぎ込んで、攻める必要はないでしょう。兵を出して征服したところで、何もいいことはありませんから、日本との戦争はおやめください」

当時の日本は、趙良弼が記しているように、目立った特産物のない土地でした。平清盛がよく日宋貿易を成り立たせていたなと感心してしまうほど、輸出品は貧相なものばかりです。清盛の頃はまだ平泉の金がありましたから、これを輸出品にする手もあったかもしれません。しかし、元寇の頃には、金はおおかた掘り尽くしてしまった後だったのです。ですから、趙良弼のレポートは正確だったと言えるでしょう。

また、フビライは「硫《い》黄《おう》」を求めて日本を征服しようとした、というような説もあります。当時、モンゴルでは火薬製造に取り掛かっており、そのためには硫黄と木炭、硝石《しょうせき》が必要でした。モンゴルには硫黄がなく、これを手に入れるために日本を征服しようとしたというのです。確かにモンゴル軍は火薬を武器として活用しましたが、当時、他国を攻めてまで欲しがっていたかどうか、疑問は残ります。歴史的にはまだ一〇〇年、二〇〇年早いのではないでしょうか。

室町時代に入ると、日明貿易を通じて、日本から中国へ硫黄が輸出されるようになります。交易で手に入るものならば、わざわざ戦争して奪う必要もないでしょう。

趙良弼のレポートを見ると、ますますフビライは日本を侵略するつもりがなかったのだと思います。

国際感覚に乏しかった鎌倉幕府の失策

それでは、日本を侵略する意思はなく、あくまでも丁寧な文章で国書を送ってきたモンゴルに対して、日本側はどのように対処したのでしょうか。

先ほど、朝廷では返書の草稿がつくられたと述べましたが、この草稿は残っています。これを読むと、「日本は神の国である」というお決まりの文章から始まり、「あなたの国は日本がいかに偉大かわかっていないのではないか」というような、非常に上から目線、夜郎自大な内容なのです。当時の日本人は、あまりに国際感覚を失っていたと言わざるを得ません。遣隋使・遣唐使を派していた頃に培われたような国際意識のようなものは、とうの昔に綺麗さっぱりなくなっていたのです。

また、先述したように、鎌倉幕府はモンゴルの使者と国書を再三にわたって無視し続けました。そのために、フビライは怒り、出兵を決意したわけです。

なぜ、鎌倉幕府はそのような頑なな姿勢を取り続けたのでしょうか。正直なところ、その点はよくわかっていないのですが、当時の鎌倉には、中国から高僧がやってきて暮らしていました。建長寺を建てた蘭渓道隆《らんけいどうりゅう》や兀庵普寧《ごったんふねい》らは、執権の北条時頼の招きで鎌倉にやってきています。北条時頼は、こうした禅僧と対話ができるほど賢い為政者だったのでしょう。

その時頼が亡くなった跡を継いだのが、長時、政村、そして時宗でした。時宗の時代に元寇が起きるわけですが、しばしば時宗は、モンゴル軍を撃退して日本を守り抜いた救国の英雄のように言われます。特に戦前は高く評価され、歴代の北条氏のなかでも知名度の高い人物です。この時宗が、まさにフビライからの国書を無視し続けた張本人なのですが、時宗の代になると兀庵普寧は、なんと「自分の理解者はもういない」と言って中国へ帰国してしまったのです。

時頼と親しかった兀庵普寧は、子供の頃の時宗と接することもあったでしょう。時宗が目から鼻に抜けるような賢い子供なら、兀庵普寧もそんなことは言わずに、「よし、この子を育ててみよう」と日本に残ったかもしれません。しかし、そうはなりませんでした。きっと「この子は自分の教育に値しない」と思ったのでしょう。だから、兀庵普寧はさっさと帰国したのだと思います。

中国から来た僧は、自分の祖国が異民族であるモンゴルに侵略されてしまったため、モンゴルのことを恨《うら》んでいたという人もいます。そのため、日本人をたきつけて、モンゴルと戦わせたのだというのですが、当時の日本にそこまでの力はなかったと思います。

ですから、北条時宗と当時の鎌倉幕府が何を考えていたのか、今ひとつわからないのです。ただ、稚拙《ちせつ》ながら外交努力を試みようとした朝廷に対して、北条時宗をトップとする鎌倉幕府は、待ったをかけつつも、何もしないまま放置してしまいます。まさに既読スルーされたフビライは、メンツを潰され、カチンときたことでしょう。日本は「喧嘩」を売ってしまった格好になりました。そしてとうとう、文永《ぶんえい》十一（一二七四）年の文永の役で、フビライは日本に兵を送り込むのです。

神風は二度は吹かなかった

最初のモンゴル軍襲来となった文永の役では、モンゴル軍は対馬に侵攻したのち、九州地方へと攻め込みました。しかし、この最初の襲来では、軍勢はおよそ三万人で、二回目の弘安《こうあん》の役のおよそ一四万人の軍勢からすると、四分の一程度でしかありません。今日では、この文永の役は本格的な侵攻ではなく、あくまでも「威力偵察」だったとされています。

この「威力偵察」というのは、自衛隊でも使われている言葉ですが、敵の戦力など状況を見極めるために偵察部隊を派遣することを指しています。偵察とはいえ、ある程度の戦闘能力がなければ、万が一敵に遭遇したときに全滅してしまう恐れがあります。そのため、一定の装備を持たせて、それなりの戦闘ができる規模で派遣されるのです。

威力偵察が目的だったからこそ、文永の役ではモンゴル軍はすんなりと撤退することになります。神風は二回吹いたのではなく、一回目はなんとか武士たちが頑張って撃退したのです。

文永の役の後、またフビライは杜世忠《とせいちゅう》という使者を日本に派遣してきました。しかし、北条時宗は使者の言葉には耳を貸さずに、使者団一行を斬首に処してしまったのです。あまりの蛮行に呆れたフビライは、交渉の余地なしと考えたのか、弘安四（一二八一）年、再び日本へと軍勢を送ったのです。これが二回目のモンゴル軍襲来、すなわち弘安の役でした。

先ほども述べたように、今回は本格的な侵攻です。そのため、一四万人の大きな軍勢を引き連れて、進軍してきたのです。ところが、このとき、絶妙なタイミングで台風による暴風が吹き、モンゴル軍は敗退したのでした。これがいわゆる「神風」というわけです。

ちなみに、元寇の際、朝鮮半島の高麗はすでにモンゴル帝国の属国となっており、弘安の役が起こる少し前に、中国の南宋という王朝が滅ぼされていました。その結果、高麗や南宋の兵が戦に駆り出されていたのです。弘安の役の一四万人の軍勢の内実は、高麗や南宋の兵が大半でした。当然ながら、彼らは「モンゴルのために命を懸けて戦おう」というような気はさらさらありません。兵の士気はさほど高くなく、その結果、台風の直撃を受けると、そそくさと撤退してしまったのだろうと思います。

幕府を支えるシステムの崩壊

元寇に関しては、モンゴル軍の侵攻を食い止めたわけですから、日本側の勝利ということになります。一応は「喧嘩」に勝ったのでよかったのですが、問題はその後です。すでに述べたように、当時の武士たちには、勝った側は負けた側の財産をすべて奪うことができるという不文律がありました。

たとえば、源平の戦いでは、平家を滅ぼした源頼朝は、平家が全国に持っていた五〇〇もの所領を、平家没官領《もっかんりょう》としてすべて鎌倉幕府のものにすることができました。これが幕府の財政基盤となります。

また承久《じょうきゅう》の乱においては、鎌倉幕府は朝廷を打ち破りました。この戦で朝廷側に加担した貴族・寺社・武士の所領が全国に三〇〇〇カ所ありましたが、すべて幕府が没収することができました。こうして得た土地を、命を懸けて戦った御家人たちに褒美として配ることができたのです。

武士にとって何よりも重要なのは土地です。幕府は武士の土地を安堵し、あるいは恩賞として新たな土地を加増する。この御恩に報いるために、武士は身命を賭して戦い、奉公する。この御恩と奉公の主従関係によって、幕府と御家人は繋がっていました。

ところが、元寇の場合、なんとかモンゴル軍を撃退し、「喧嘩」には勝ったものの、恩賞として御家人たちに与えるための新しい土地を手に入れることはできなかったのです。そのため、御家人たちに満足な褒美を与えることができませんでした。

また、元寇の頃には、京都周辺は貴族・寺社の荘園に属しており、将軍と主従関係を結んでいない、御家人ではない武士たちが大勢いました。モンゴル軍襲来の際には、日本そのものが危ぶまれる事態となったため、国難に際して、「御家人であるかないかはこの際関係なく、戦おう」という幕府の呼びかけに応じて、全国から御家人以外の武士も戦いに参加したのです。

元寇の後、当然ながら、「自分たちも命を懸けて戦ったのだからきちんと褒美を用意してほしい」と御家人以外の武士たちからも声が上がります。

しかし、褒美として与えられる新しい土地はありません。御家人たちですら満足な褒美を得ることができず、さらにそれ以外の武士たちには何の褒美もありませんでした。「御恩」と「奉公」という幕府を支えるシステム（主従関係）が崩壊した瞬間です。こうして、武士たちの鎌倉幕府への不満が高まるようになったのです。

もしも北条氏が身銭を切っていれば……

元寇においてモンゴル軍との「喧嘩」に勝利したものの、結果、幕府は武士たちの不満を募らせ、反発を招いていくようになります。ここから鎌倉幕府の滅亡が始まっていくわけですが、その引き金となった元寇の「喧嘩」は避けることはできなかったのか。

そもそも、幕府や朝廷の外交のやり方が非常にまずかったと言えるでしょう。これまで見てきたように、フビライは、日本に対して挨拶以外は要求せず、征服しようとは思っていなかったのです。幕府も礼を尽くして、使者をもてなし、国書に返信していれば、モンゴル軍が攻め込んで来ることはなかったでしょう。

北条氏率いる鎌倉幕府も、朝廷も、フビライの真意を理解できなかったのだろうと思います。本格的にモンゴルの属国となる必要はなく、ただ単に「挨拶のために使者を派遣します」と返事を出しておけば、フビライは怒らなかったのではないでしょうか。これが、東洋史研究者たちのなかでの、定説となっています。

その意味では、先述したように北条氏はしばらく名君が続いたのですが、八代執権の北条時宗のあたりから、雲行きが怪しくなってきたと言えるでしょう。少なくとも時宗の対応が、北条氏と鎌倉幕府を傾かせる契機になっていたことは確かだろうと思います。

では、元寇の後の武士たちの不満を回避する術はなかったのでしょうか。兎にも角にも、武士にとって重要なのは、奉公に対する御恩、つまり恩賞としての土地なのですから、どうにかしてこれを捻出しなければなりません。新しい土地はないけれども、北条得宗家にはたくさんの所領があります。ですから北条氏は身銭を切って、少ないけれどもと自分の土地から褒美として分配すれば多少は違ったかもしれません。「少ないけれども、俺も身銭を切るから、これで勘弁してほしい」というわけです。

ところが、北条氏はこうした策を講じないだけでなく、ますます、北条得宗家に所領を集めて、権力と軍事力を集中させる方法を取ったのです。「文句があるならかかってこい」という態度を示したのでした。結局、それが武士たちの不満をくすぶらせる結果となります。北条氏の出し惜しみが、武士の不満を募らせ、積もり積もって、鎌倉幕府の滅亡まで進んでしまうことになるのです。

御家人ファーストか、すべての武士か

北条氏率いる鎌倉幕府の屋台骨を揺るがしたもうひとつの出来事として、弘安八（一二八五）年の霜月《しもつき》騒動というものがあります。北条時宗の存命中に、鎌倉幕府内がふたつのグループに分裂したのです。

ひとつは、時宗の妻の兄にあたり、養父でもあった安達泰盛の一派です。もうひとつは、将軍と主従関係を結ぶ御家人ながら、北条氏のナンバー1の家来でもあった平頼綱の一派でした。

安達氏は源頼朝の側近で、一三人の合議制のメンバーだった安達盛長の子孫であり、泰盛はその曽孫にあたります。先述したように、安達氏は代々、北条氏に女性を嫁がせる、言わば嫁を出す家系となっていました。執権を代々世襲するようになった北条氏は特別な御家人と言えますが、その北条氏の嫁の実家である安達氏も非常に有力な御家人だったと言えます。

　他方、平頼綱は、将軍と主従関係を結ぶ御家人であると同時に、北条氏の一番の家来となった人物です。北条氏の家人を「御内人《みうちびと》」と呼びますが、北条氏の権力の拡大に比例して、この御内人も大きな力を持ちました。平頼綱はそんな御内人のトップに位置するような人物でした。御家人でありながら、普通の御家人以上の力を持っているような存在です。

　安達泰盛たちは、「幕府は御家人の利益だけでなく、日本全体の利益を考えることが重要だ」と考えていました。そのため、日本全国の武士を幕府のもとに吸収しようとしたのです。鎌倉幕府において、将軍と主従関係にある御家人というのは、将軍の名において、自らの土地の安堵を約束されるわけですから、言わば普通の武士とは違う「特権階級の武士」というわけです。幕府の置かれた東国には、こうした御家人は多く存在しましたが、西国に行けば行くほどこれが少なくなりました。

　しかし、元寇に際しては、戦場が西国中心だったこともあり、将軍を主人とは仰がない、御家人ではない武士たちも多数、モンゴル軍と戦ったわけです。だから、安達泰盛は「御家人でない武士たちも、御家人と認めましょう。幕府のもとに彼らを置き、ちゃんと褒美をやりましょう」と主張したのです。

　これに反発したのが、平頼綱の一派です。彼らは安達泰盛とは反対に「御家人こそがすべてだ」と主張しました。元を正せば、鎌倉幕府とは東国の武士たちが自分たちの利益を守るために力を結集し、源頼朝を棟梁として担いだ政権でした。そのために、将軍と御家人という主従関係を結び、戦ってきたのです。そのように考えると、御家人ファーストになるというのは、鎌倉幕府の御家人たちの立場を誠実に継承していると言えます。つまり、創設当時からの伝統で考えれば、平頼綱の考え方のほうが正統派なのです。

　平頼綱派は「御家人のために幕府があるのだから、御家人の利益を優先するべきだ」と主張します。対する安達泰盛派は「幕府が発足した頃から時代も状況も変わった。承久の乱を経て、朝廷を乗り越えたのならば、日本全体を治めるべき立場にあるはずだ。だから日本全体のことを考えよう」と主張したのだと、私は考えています。

　有力御家人同士が真っ向から対立し、幕府を二分するような争いになっていくわけですが、それでも北条時宗が存命中は、なんとか正面衝突するのを食い止めていました。しかし、元寇に勝利したのち、時宗は若くして亡くなってしまいます。両者の暴発を抑える人間がいなくなったことで、ついに激突することになるのです。それが、弘安八（一二八五）年の霜月騒動でした。

なぜ「悪党」のような危険分子が生まれたのか

鎌倉時代を通して最大の内乱となった霜月騒動では、御家人ファーストを謳《うた》っていた平頼綱派が、御家人の味方を大勢引き入れることに成功しました。その結果、総勢五〇〇人の有力御家人を率いた安達泰盛は討ち取られ、安達泰盛派はことごとく滅ぼされてしまいました。

安達泰盛らが滅ぼされてしまったことで、日本全体のことを考えて政治を行おうとする一派が幕府内では根絶やしにされてしまいます。残った御家人同士の結束はより強固となり、「御家人以外の者のことは二の次だ」と御家人ファーストが徹底されるようになりました。幕府は御家人の利益しか考えない体制へ、さらに舵《かじ》を切り、こうして登場したのが、永仁《えいにん》の徳政令だったのです。

時宗の跡を継いで九代執権となった、息子の北条貞時によって制定された永仁の徳政令は、御家人の土地を守ることを一番の目的としていました。この法律は、御家人が自分の土地を御家人でない人間に譲った際、後からその土地を無償で返却してもらえるというものです。また、御家人と御家人の間で土地をめぐる売買があったとしても、売買から二〇年経過していれば返してもらえました。御家人でない人間に土地を売った場合には、二〇年の縛りは適用されず、無条件でその土地を取り返すことができたのです。

とんでもない悪法のように思えますが、これは霜月騒動以降、安達泰盛らのように御家人以外の武士のことを考えようという一派が滅亡したことで、平頼綱派の御家人ファーストに舵を切った結果と言えます。永仁の徳政令は、永仁五（一二九七）年に発布されて以来、元弘《げんこう》三（一三三三）年に鎌倉幕府が終焉を迎えるまで、三七年の間、ずっと有効な法律でした。このため、社会全般においても、幕府の評判は悪くなっていくのです。

また、安達泰盛のように御家人以外の武士にもちゃんと配慮しようと考えていた一派が、幕府内から一掃されてしまったことで、御家人になれない武士たちの不満は、ますます溜まっていく一方だったのです。

こうした武士たちはやがて、鎌倉幕府に対し、反抗的な行動を取るようになっていきます。社会を騒がせるような危険分子とみなされ、「悪党」と呼ばれました。現代の意味で使われる「悪党」ではなく、あくまでも鎌倉幕府に盾突く存在で、幕府から見れば「悪い奴ら」ということです。反対に「悪党」たちからすれば、永仁の徳政令のような理不尽な借金取り消しこそが、まさに「反社」的な手口であり、そんなあくどい幕府に反抗するのは、正しい行動だったのです。

「悪党」は、御家人の多い東国ではなく、御家人以外の武士が多い西国、特に荘園で活躍した武士に多く、畿内で影響力を持ちました。広い土地を持つ東国の御家人たちは農耕中心でしたが、「悪党」は農耕だけでなく、商売を発展させて、力をつけていきました。その代表格が、有名な楠木正成《くすのきまさしげ》です。

幕府に対しての不満が募っていきますが、御家人たちの結束も強く、揺らいでいたとはいえ、すぐに幕府は滅びません。この鎌倉幕府を打倒するのに決定的な存在となったのが、足利尊氏だったと思います。次節では、足利尊氏と鎌倉幕府の「喧嘩」について見ていきます。

「悪党」の存在に目をつけた後醍醐天皇

承久の乱で敗北して以降、朝廷側は幕府に後れを取りながらも、良好な関係を続けてきましたが、後醍醐天皇の代になると状況が変わってきます。社会全般に鎌倉幕府への反発が強まってくると同時に、この後醍醐天皇は政治にも強い意欲を持つようになったのです。

後醍醐天皇は、鎌倉幕府に反抗的な姿勢を見せていた「悪党」の存在に目をつけました。これだけ幕府への不満が高まっていれば、倒幕も可能なのではないかと考えたのです。後醍醐天皇は、正中《しょうちゅう》元（一三二四）年の正中の変、元弘元（一三三一）年の元弘の変と二回にわたって倒幕を試みたのでした。

しかし、倒幕の声を上げ、挙兵した後醍醐天皇でしたが、武士たちの多くはこれに呼応しませんでした。御家人ファーストを掲げた幕府に対して、多くの有力御家人がこれに付き従っていたのです。後醍醐天皇の決起にともに立ち上がったのは、「悪党」の楠木正成くらいで、結局、倒幕は失敗に終わります。こうして後醍醐天皇は隠岐《おき》島へと流されました。

承久の乱の際にも後鳥羽《ごとば》上皇が隠岐島に流されています。その時点で後鳥羽上皇は敗北を受け入れ、人生を諦めてしまったわけですが、後醍醐天皇はまったく挫《くじ》けず、「打倒・鎌倉幕府」を強く胸に抱いていたのです。

後醍醐天皇が隠岐島に流されている間、その第三皇子である護良《もりよし》親王が大和国でゲリラ戦を展開します。当然、幕府に捕まれば殺されかねないことから、真っ向からぶつかるよりも、キューバ革命を起こしたフィデル・カストロやチェ・ゲバラのように、ゲリラ戦でじわじわと敵に打撃を与えるという戦法を取ったと思います。これが次第に事態を変えていくのでした。また、後醍醐天皇の呼びかけに応じた楠木正成に加え、護良親王の令旨《りょうじ》を受けて、播磨《はりま》の赤松円心《あかまつえんしん》のような有力な武士も兵を挙げました。彼らは先述したように、将軍とは主従関係を結んでいない、御家人になれない武士たちでした。

護良親王らがゲリラ戦を続けるなか、後醍醐天皇は隠岐島を脱出し、伯耆《ほうき》大山《だいせん》の隣に位置する船上山《せんじょうさん》に立て籠もり、ここから「倒幕せよ」という命令を武士たちに下しました。しかし、この命令にも、多くの武士は従わないような状況だったのです。

なぜ足利尊氏は鎌倉幕府に反旗を翻《ひるがえ》したのか

それでは、このような状況を一変させ、鎌倉幕府を倒すきっかけとなったのはなんだったのでしょうか。ここで大きな役割を果たしたのが、足利尊氏でした。

足利氏は八幡太郎義家《よしいえ》の孫・源義康の末裔であり、源頼朝ら源氏の嫡流に近い家柄です。清和源氏の平賀氏や佐竹氏、武田氏などと同じく、うまく立ち回れば将軍（征夷大将軍）になれるような家系でした。これに対し、北条氏は格下で将軍にはなれない家柄でした。御家人同士の権力闘争でトップに立ちますが、無理に将軍にはならず、執権という地位で実質的に政権を動かす立場に留まったのは、このためです。

こうした源氏一門のなかでも、足利氏は平賀氏に次いで高い地位にありました。幕府の

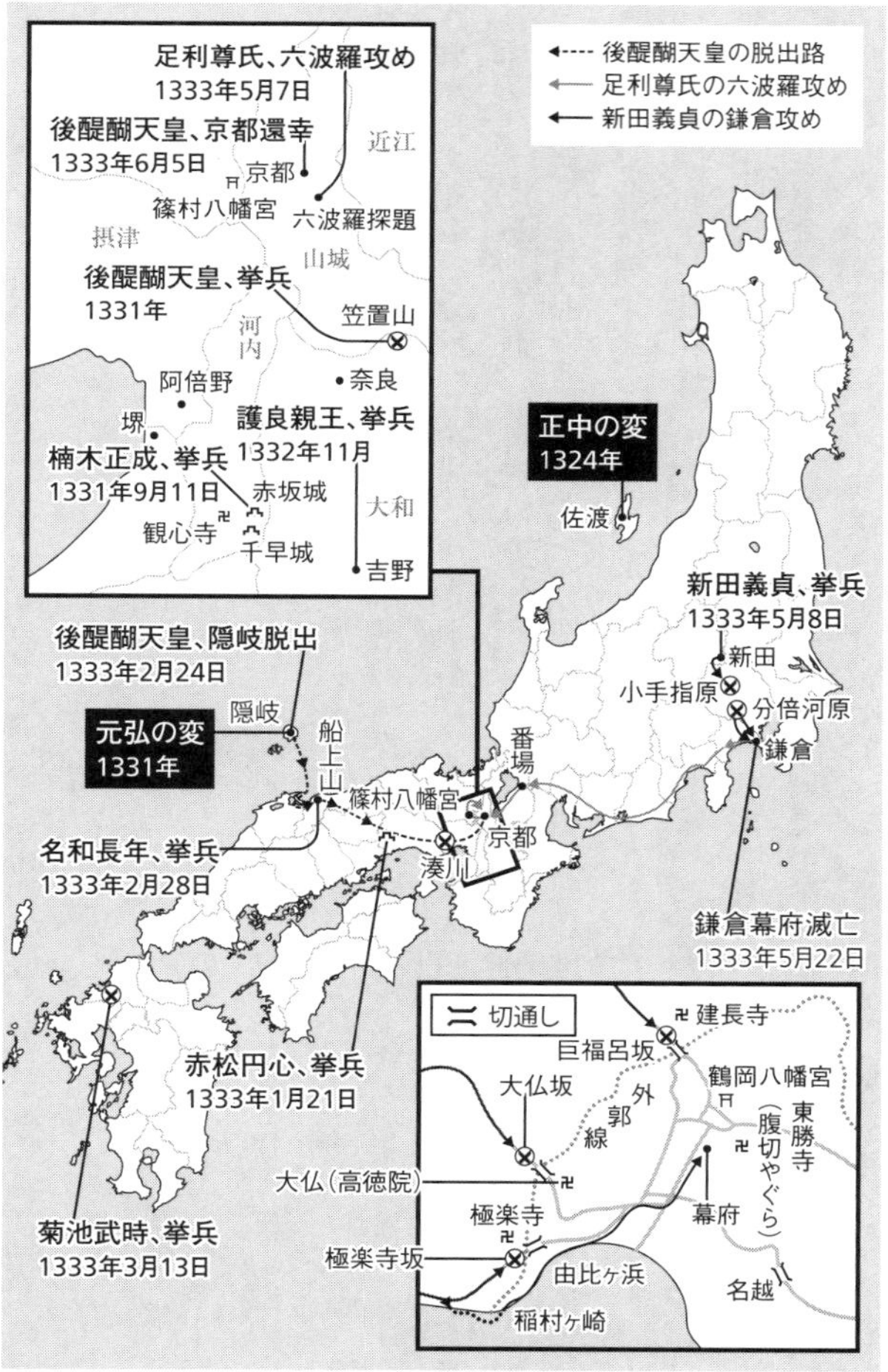

「鎌倉幕府の滅亡」の関係図

正式な儀式では、席次が決まっているのですが、源頼朝の最も近いところに頼朝の家族たち、その次に源氏一門が座ります。頼朝に近い順から平賀氏、足利氏と続くわけです。

しかし、平賀氏は力を持ちすぎたために、北条氏によって潰されてしまいました。この時点で源氏一門で最も家格が上なのは足利氏になっていたのです。北条氏としては、足利氏は将軍になれる家柄なので、何かきっかけがあれば、滅ぼしたいと思っていたのかもしれません。事実、北条時政の娘の夫だった足利義兼《よしかね》は、不穏な空気を察知して、出家し隠居しています。霜月騒動では、足利一門の吉良《きら》満氏《みつうじ》は自害へと追い込まれています。また、足利尊氏の祖父・家時《いえとき》は、北条氏との軋轢《あつれき》のなかで、家を守るために切腹したとされます。

このような緊張関係にある一方で、北条氏は足利氏と特別な関係を築いていました。たとえば足利氏の名前の通り字は「氏」で、当主の名前の一字には「氏」が入っていますが、もう一字は北条得宗家の当主の名前の一字をもらっています。つまり、北条泰時―足利泰氏、北条時頼―足利頼氏、北条貞時―足利貞氏、といったかたちです。婚姻関係を見ても、足利氏の正室は北条得宗家かそれに準じる家から出されていました。

北条氏と鎌倉幕府への不満が高まり、後醍醐天皇が挙兵するなかで、足利尊氏にも再三にわたって、後醍醐天皇から倒幕の命令が出ていました。他方、尊氏は鎌倉幕府から船上

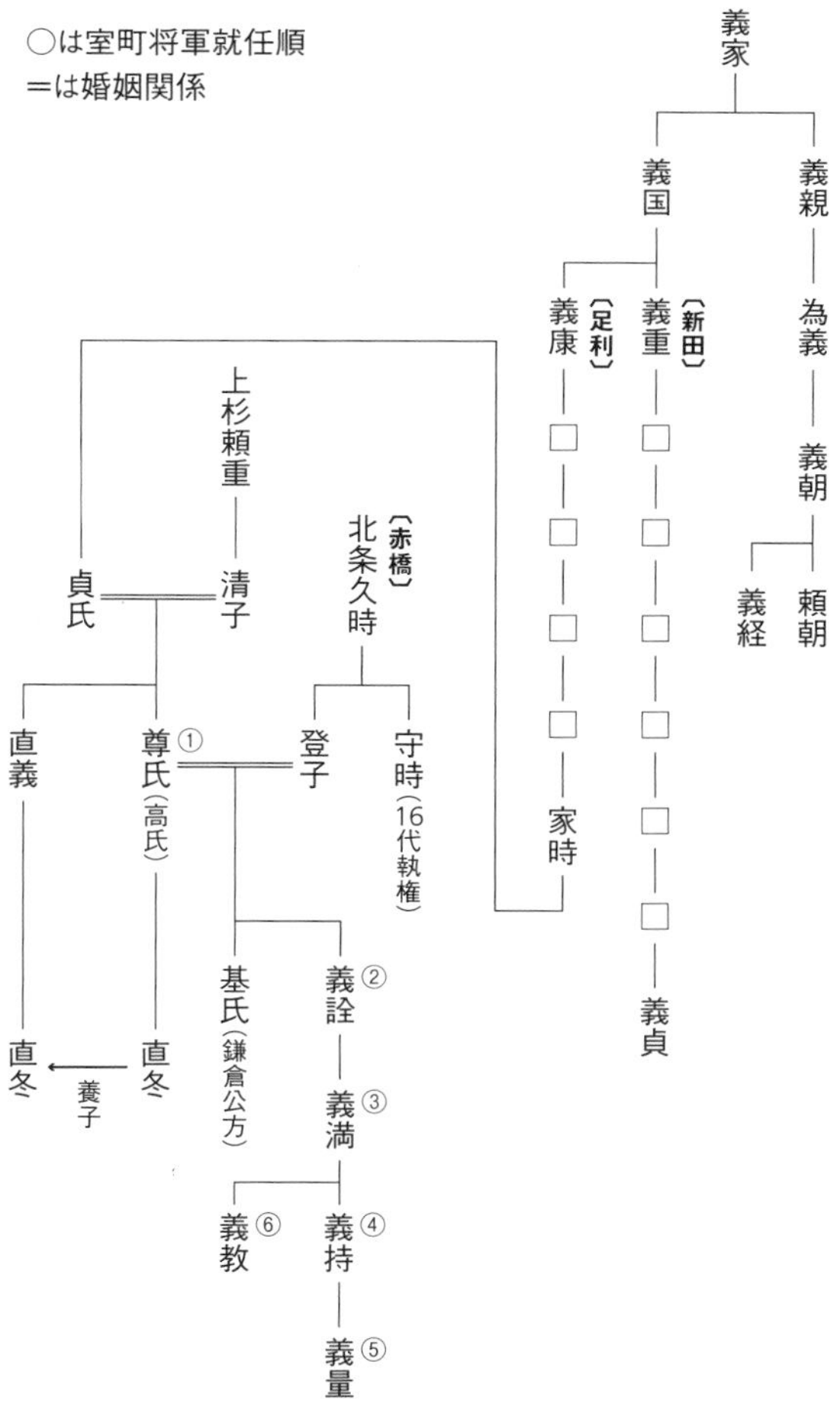
○は室町将軍就任順
＝は婚姻関係
義家
義国
義親
為義
義朝
頼朝
義経
〔足利〕義康
〔新田〕義重
義貞
家時
上杉頼重
清子
貞氏
〔赤橋〕北条久時
登子
守時（16代執権）
直義
尊氏①（高氏）
基氏（鎌倉公方）
義詮②
義満③
義持④
義量⑤
義教⑥
直冬
養子
直冬

足利・新田氏の略系図

山に立て籠もる後醍醐天皇を捕縛せよという命令を受けます。尊氏は西国へゆっくりと進軍すると、篠村《しのむら》八幡宮（現在の京都府亀岡市）あたりまで来たところで、ついに後醍醐天皇に味方し、「俺は北条氏を討つ！」と倒幕を決意するのです。すると、全国の武士たちも彼に呼応して、次々と挙兵に及びました。元弘三（一三三三）年のことでした。

足利尊氏の決起から、わずか一カ月後の同年五月には、京都に置かれた幕府の出先機関である六波羅探題が陥落しています。同月には上野国で挙兵した新田義貞が鎌倉へ攻撃を仕掛け、ついに時の得宗家当主・北条高時ら北条氏一族を自害へと追い込んだのでした。こうして、鎌倉幕府は倒れたのです。

戦の恩賞を出す者が武士の棟梁となる

北条高時らを直接討ったことから、しばしば鎌倉幕府を倒したのは後醍醐天皇の命令を受けた新田義貞だと言われることがあります。新田氏も義家の孫・源義重の流れを汲む、れっきとした源氏一門ですが、足利氏に比べると勢力の弱い家でした。

確かに、新田義貞は北条氏を倒した戦いの現地責任者ではありましたが、その背後で武士に命令を下していたのは、足利尊氏だったのだろうと思います。

その根拠として、北条氏が敗れたのち、戦いに参加した武士たちは、恩賞をもらうために義貞の陣営に向かうのではなく、尊氏の子・千寿王《せんじゅおう》（のちの足利義詮《よしあきら》）の陣営に出向いたのです。そこで、千寿王から「この戦いでこれだけ頑張りました」という証明書を武士たちはもらったのでした。つまり、鎌倉幕府を打倒した戦の恩賞を出すのは足利尊氏だったのです。倒幕の本当の司令官は新田義貞ではなく、足利尊氏なのだということがわかります。

つまり、この時点で、源氏一門のトップであり、幕府内では北条氏に次ぐ地位にあった足利尊氏が反旗を翻したからこそ、初めて御家人たちが動いたのです。尊氏の反乱に、堰《せき》を切ったように、御家人たちは後醍醐天皇側に集まり、倒幕へと動きました。それだけ、水面下では北条氏の政権が見放されていたとも言えますが、いずれにせよ、尊氏の反乱をきっかけに、鎌倉幕府は滅びたのです。

尊氏が武士から信頼された理由とは

鎌倉幕府が滅亡すると、その翌月から後醍醐天皇による建武政権が始まります。後醍醐天皇は、これまでの慣習や武士中心の政治を無視して、天皇と朝廷中心の政治運営を進めました。土地の所有権を白紙に戻し、すべて天皇の意思を伝える綸旨《りんじ》によって安堵しようとしたのです。

これに反発したのが全国各地の武士たちでした。時代はすでに武士の世になっているにもかかわらず、武士を無視した政治は、当然受け入れられません。

鎌倉では、建武二（一三三五）年、北条高時の息子・時行《ときゆき》と北条氏の残党が起こした中《なか》先代《せんだい》の乱が起こります。この大規模な反乱によって、北条氏は鎌倉を奪還しました。これに対して、尊氏は鎌倉を取り戻すべく京都を出発しますが、このとき、後醍醐天皇に征夷大将軍に任命するよう求めたのでした。将軍になれば、武士たちと主従関係を結び、土地を安堵して新恩を給与する権限が与えられます。先述した例からもわかるように、尊氏にとって、武士たちを味方につけるには、戦に協力する見返りを出せる存在でなくてはならなかったのです。

しかし、後醍醐天皇は尊氏を征夷大将軍に任命しませんでした。そのため、尊氏は自分の責任で、土地の安堵や新恩を給与する文書を作成するのです。その結果、武士たちを味方に引き入れることに成功し、鎌倉入りし、中先代の乱を鎮圧しました。

このように見ていくと、すでに鎌倉入りしたときには尊氏は、後醍醐天皇から将軍に任じられなくとも、実質的には将軍として振る舞っていたのです。武士たちの土地の差配をしているわけですから、源頼朝と立場は変わりません。私の師匠の石井進先生の、さらに師匠にあたる佐藤進一先生は、「このときに幕府が開かれたと見ることもできる」と述べています。尊氏が事実上の将軍になった時点で、新たな幕府が開かれていたというわけです。

後醍醐天皇は尊氏が勝手に武士に土地の分配をした時点で、これを謀反とみなし、新田義貞に「足利尊氏を討て」と命じました。このときまで、尊氏は後醍醐天皇に反旗を翻すほどではなかったのですが、尊氏討伐の命令が出るに及んで、ついに立ち上がります。箱根・竹ノ下の戦いで、義貞軍を破り、義貞は命からがら京都へと逃れました。

このとき、尊氏と弟の足利直義《ただよし》との間で、意見の食い違いが起きます。逃げ帰る義貞を追って上洛するか、鎌倉に戻って鎌倉幕府と同じように東国の政権を固めるかという選択です。

まさにこれは、源頼朝が富士川の戦いののちに迫られた選択でもありました。頼朝は、上総《かずさ》広常《ひろつね》ら東国の武士たちの意見を聞き入れ、上洛せず、鎌倉に本拠を構えて武士政権の基盤を整える道を選びました。その結果、御家人たちの信頼を得ます。

尊氏は上洛し、京都を占拠しようとした、と推測できます。これにはっきりと異を唱えたのが、弟の直義です。しかし、翌日には足利氏の軍勢は京都へ向けて進軍を開始したと『梅松論』には記されています。足利氏のナンバー2である直義の意見を覆せる人物とは誰か。それは、尊氏その人にほかなりません。

この意見の相違が、のちの足利尊氏・直義の「喧嘩」へと発展していくのです。この「兄弟喧嘩」については、次章で詳しく触れたいと思います。

第四章 足利尊氏VS弟・直義

――西か東か、日本が真っ二つ

後《ご》醍醐《だいご》天皇に見切りをつけた尊氏

前章の終わりで少し触れましたが、本章のテーマである尊氏と直義《ただよし》の「兄弟喧嘩」を見ていく上では重要なので、改めて北条時行《ときゆき》による中先代《なかせんだい》の乱前後の状況を簡単におさらいしておきましょう。

中先代の乱では、再起を図る北条氏が鎌倉を奪い返しに攻めてきます。このとき、鎌倉にいたのは足利尊氏の弟・足利直義でした。時行らに攻め込まれ、直義は三《み》河《かわ》まで逃げてきたところで、尊氏の軍勢と合流し、盛り返して鎌倉を奪い返します。

この時点で、尊氏は後醍醐天皇の建武《けんむ》政権には見切りをつけていたのでしょう。前章で述べた通り、尊氏は北条時行追討の命を後醍醐天皇から受けていましたが、時行を倒すためには当然、軍事行動を展開しなければなりません。軍事行動に打って出るには味方の軍勢を集めなければなりませんし、戦ってくれる武士たちには、その見返りに土地を恩賞として与える権限を、尊氏は持ちたかったのです。だからこそ、後醍醐天皇に征夷大将軍にしてくれるよう頼んだのですが、それは認められませんでした。後醍醐天皇は、天皇が武士を支配するというかたちに非常にこだわっていたのです。

しかし、建武政権内では別の意見もあったのだろうと思います。たとえば、後醍醐天皇が亡くなった後、後醍醐天皇が創始した南朝の指導者となった北畠親房《きたばたけちかふさ》は、建武政権が始まった頃には、京都にいませんでした。息子の北畠顕家《あきいえ》が陸奥守《むつのかみ》になったので、自分も東北に下向していました。京都にはもう居場所がなかったわけで、言うなればこれは左遷だったと思います。というのも、北畠親房が記した『神皇正統記《じんのうしょうとうき》』などを見ると、彼は武士をまとめるために将軍という存在を容認していたのです。

ところが後醍醐天皇は将軍の存在を認めませんでした。ですから建武政権発足後には、土地の所有権を白紙にし、自ら武士の土地を安堵しようとしたのです。つまり、言い換えるならば、天皇が武士たちを従える体制を取ろうとしました。後醍醐天皇と北畠親房の間にはそのような考えの相違があったと考えられます。

いずれにせよ、尊氏が征夷大将軍を望んでも、後醍醐天皇としては絶対に受け入れられませんでした。そこで尊氏は弟の直義を救援するために京都を出発するのですが、そのときには先述したように、将軍のように振る舞っていたわけです。武士たちに土地の安堵と、新恩として土地を与えることを約束し、自分のために命を懸けて働くよう求めたのです。こうして武士たちは尊氏のもとに集まり、鎌倉を奪還したのでした。この時点で、実態としては、尊氏は武家の棟梁、すなわち将軍のように振る舞っていたと言ってよいでしょう。佐藤進一先生は、この中先代の乱が起き、尊氏が武士たちに土地の分配を行った建武二（一三三五）年の段階で、尊氏の政権、すなわち室町幕府は成立していたとも言えるのだ、と述べています。

さて、尊氏は勝手に武士たちと約束してコントロールしてしまっているわけですから、後醍醐天皇からすればこれは完全に謀反にあたります。だからこそ、後醍醐天皇は、新田義貞に尊氏を討てと命じました。新田の軍勢が迫るなか、尊氏は当初、戦うのを躊躇《ちゅうちょ》します。しかし、痺《しび》れを切らして出陣した直義が新田軍に敗北するに及び、ようやく重い腰を上げて、尊氏も兵を挙げたのです。こうして、箱根・竹ノ下の戦いで尊氏の軍勢は義貞の軍勢に打ち勝ちました。敗れた新田軍は京都へと逃げ帰っていきます。

さて、この後、尊氏たちはどのような選択をするのか。ここで大きな分かれ目があるわけです。

京都へ行くか、鎌倉へ戻るか

箱根・竹ノ下の戦いののち、軍議が開かれ、今後の動きについて話し合いが持たれました。尊氏の弟・直義は、鎌倉へ戻り、北条氏の後を受けて幕府の基盤を整えようと主張します。先述したように、これはかつて富士川の戦いの後、源頼朝が東国武士たちの意見を聞き入れ、上洛せずに鎌倉に留まったこととまったく同じシチュエーションです。

　ところが、その次の日には、足利の軍勢は京都に向けて進軍を始めました。これらは『梅松論』に記されていることですが、直義の主張とは逆に、なぜ京都へ進軍したのか、誰の判断だったのかは明記されていません。しかし、直義は、尊氏に次ぐ足利陣営のナンバー2です。ナンバー2の主張である鎌倉への帰還が覆され、京都へ進軍したとなると、それが可能な人物はただひとりです。つまり「京都へ行こう」と言い出したのは、足利尊氏だということになるでしょう。

　京都へ行くか、鎌倉へ戻るか。これは言い換えれば、尊氏と直義の国家観の違いになります。尊氏は東国で力を蓄えた武士政権が京都へと進出することを考えました。その反対に、直義は、鎌倉幕府以来の棲《す》み分けである「武士の政権は東国に、貴族の朝廷は京都に」という点にこだわりました。

　結果、尊氏は新田軍を追って、そのまま京都へと進軍します。ここでようやく、後醍醐天皇と袂《たもと》を分かつこととなりました。

そして、建武三（一三三六）年に建武式目を制定しますが、これをもって研究者は、室町幕府の成立としています。これ以降、武士の拠点は鎌倉から京都へと移ったことになります。鎌倉幕府、江戸幕府という呼び名からすれば、室町幕府は「京都幕府」であるとも言えるでしょう。

なぜ尊氏は京都に政権を置いたのか

先に述べたように、京都へ行くか、鎌倉へ戻るかという尊氏と直義の主張の違いは、そのまま二人の国家観の違いとなります。直義は鎌倉幕府以来の東国の武士政権を望みましたが、尊氏の国家観・政権観はそれとは大きく異なるものでした。建武式目の前文には、「鎌倉は武家にとって縁起のよいところなので、鎌倉に武家の都をつくって武家政権を運営するのが好ましい。だが、違う考え方もあり得る」と記されています。前半の「鎌倉」は直義の主張、後半の「違う考え方」は京都で政権を確立した尊氏の主張を指しているのでしょう。

東国に武家の政権を置くというのは、京都とは距離を取るという鎌倉幕府以来の武士政権の姿勢であり、直義の主張はそれを踏襲するものです。これを大きく改革したのが、尊氏でした。それではなぜ、尊氏は京都に政権を置こうとしたのでしょうか。

そもそも、政権というものはその財政基盤として人々から税を徴収しなければ運営はできません。東国に置かれた鎌倉幕府においては、広大な土地を持つ武士たちは基本的に農耕で生計を立てていました。そのため、土地に対して税をかけ、土地の収穫物である米などを税として取ることになります。

しかし、尊氏による室町の政権では、一応、土地に対する税と言い続けますが、その内実は、物資の流通網に対して税をかけているのです。つまり、経済活動に対する課税です。そうなると当然、現物ではなく銭で税を徴収するかたちに切り替わっていきます。

鎌倉幕府と室町幕府を比べると、ここに大きな違いがあります。源頼朝が鎌倉で政権を立ち上げた頃というのは、銭による経済、すなわち貨幣経済がまだきちんと浸透していないのです。ところが、承久《じょうきゅう》の乱ののち、国外から貨幣（宋銭）が大量に流入することになります。こうして、だいたい一二二六〜一二五〇年の二五年の間に、日本列島に貨幣経済が根づいたと考えられます。その後、日本各地で商取引が活発となり、流通網が発達していきます。

ここで、土地を第一に考えてきた鎌倉幕府は大きく揺らぐことになるのです。農業中心の武士であっても、目新しい品物が入ってくれば当然、欲しくなるのが人情というもの。次第に最も大事にしてきた土地を切り売りしてでもこうした物品を手に入れようとする武士が次々と出てきたのです。幕府の財産となるのは、御家人たちが持つ土地です。御家人が土地を売り払ってしまえば、幕府の財産も目減りしていきます。前章で述べた永仁の徳政令が発布されたのも、こうした背景があったからなのです。御家人たちの土地を守るということは、御家人を助けるだけでなく、そのまま幕府の財政基盤を守ることを意味していました。言い換えれば、鎌倉幕府は、貨幣経済の発達についていくことができなかったということになるでしょう。

畿内に多く存在した「悪党」たちが、土地に根ざした農業だけでなく、商取引を行うことで力をつけていったことは先に述べました。日本の歴史は「西高東低」という大きな法則があるのですが、経済に関しても東よりも西、京都を中心に発達していったのです。つまり商取引における流通の中心は、鎌倉ではなく京都でした。京都を押さえるということは、商品流通を押さえることであり、経済の中枢を押さえることでもあったのです。

また、鎌倉に政権を置き、各地から現物を税として持って来させるよりも、京都にいて銭を徴収したほうが、当然ながら利便性が高いわけです。尊氏は、このことをよくわかっていたのだろうと思います。つまり、日本の流通の中心である京都を押さえなければ、経済を制することはできないと尊氏は判断し、鎌倉ではなく、「京都へ行こう」と主張したのです。

政治・経済を押さえた尊氏の新しい国家づくり

そこで大きな問題となるのは、朝廷とどのように関わるかという点です。鎌倉幕府の場合、源頼朝が東国に政権を置いたというのは、それまでの朝廷とは異なる、まったく新しい武士の政権をつくるためには、京都周辺では無理だったということがあります。朝廷がある京都周辺に政権を構想しても、すぐに潰されてしまうのは目に見えています。西高東低の法則からもわかるように、西国に対して東国は未開拓の地です。そういう関東の田舎だったからこそ、お目溢しされた、ということです。

やがてこの貧しい東国の政権が、徐々に成長し、承久の乱以降は朝廷を乗り越えるような力をつけていきました。そこで、「俺たちは力をつけたから、関東でくすぶっている必要はない。次は京都だ」というわけです。

直義の主張は、同じように東国で、鎌倉幕府の続きをやろうとしたということだろうと思います。武家は武家で、公家は公家であり、幕府と朝廷は違うものであると切り分けて考えていたのです。

しかし、尊氏自身の思惑がどうなのか、定かではないのですが、室町幕府の三代将軍・足利義満《よしみつ》の頃になると、幕府は完全に朝廷を飲み込んでしまう。武家は武家、公家は公家と棲み分けるのではなく、幕府が朝廷を吸収するかたちで新しい政権づくりが行われているわけです。

そこまで尊氏が見通していたのかどうかはわかりませんが、京都に政権を置くということは、当然、政治も経済もその中枢を手中に収めた新しい国家・政権をつくるということになるでしょう。

公家のなかでも、時代の趨勢《すうせい》を読み取った嗅覚の鋭い者たちは、次々に尊氏に恭順し擦《す》り寄っていきます。それが三代将軍・義満の代になると、完全に公家が義満の家来のようになってしまいます。もはや公家は天皇ではなく、義満に奉仕するのです。当時の中国の王朝である明との交易が行われましたが、この日明貿易では、義満は明の皇帝から「日本国王」として遇されました。そこには、朝廷をも飲み込む強大な力を持った武家政権という背景があるわけです。

このように見ていくと、「京都へ行こう」と主張した尊氏と「鎌倉へ戻ろう」と主張した直義は、そもそもの国家観・政権観からして違っていたと言えます。それは非常に異なる考え方だったのです。

「将軍権力の二元論」とは何か

尊氏と直義の主張の違いは、国家観・政権観にあることを見てきましたが、この兄弟の対立は、軍事と政治という「将軍権力の二元論」に関わる違いにも現れています。

この「将軍権力の二元論」とは、佐藤進一先生が提唱したもので、将軍の権力というものは、「主従制的支配権＝軍事」と「統治的支配権＝政治」のふたつから成り立つと定義されます。

主従制的支配権とは、主人である将軍と従者である武士・御家人の間の支配関係を指します。本書でもこれまで度々述べてきた通り、将軍は武士に御恩として土地の安堵と新しい土地の給付をする代わりに、武士は奉公として戦場では将軍のために命を懸けて戦います。このような御恩と奉公で主従の関係を結ぶことが、将軍権力の一面であり、軍事的な側面です。

他方、統治的支配権とは、政治を執り仕切り、裁判での裁定を行うことを意味しています。土地をめぐる争いが起これば、幕府に訴え出て、将軍に裁定してもらい、その判断を受け入れなければなりません。また朝廷の律令制の仕組みだけでなく、御成敗式目など幕府独自のルールに武士は従う必要がありました。

つまり、将軍の権力は、軍事と政治のふたつから成り立っていたというわけです。佐藤先生は、足利尊氏と直義の兄弟の二頭政治を立論の根拠として、この「将軍権力の二元論」を提唱したのですが、つまり尊氏は軍事を、直義は政治を担い、互いが補完するかたちで、室町幕府を運営していたのです。

尊氏は、軍事は得意だけれども、政治は不得手。朝廷との折衝など政治については、弟の直義に一任するかたちを取りました。直義からすれば、自分は武家は武家、公家は公家でしっかりと切り分けた体制をつくりたいと考えていたのに、尊氏は京都に政権を置いた後は、「朝廷との交渉は任せた」と丸投げして押しつけられたようなものです。当然、好んでやっていたわけではなく、能力があるから仕方なくやっているような状態だったのでしょう。

いずれにしろ、室町幕府は軍事を担う尊氏と、政治を担う直義という二頭政治の体制になりました。しかし、あくまでも将軍は尊氏で、直義は副将軍です。直義が将軍と呼ばれることはありませんでした。このことからわかるのは、やはり武士の政権にとって重要なのは軍事＝主従制的支配権なのだということです。あくまでも軍事主導であるということが、武家政権の本質だと言えるでしょう。

それでも政治の統括リーダーである直義も、幕府ナンバー2ですから、相当に偉いわけです。室町幕府が始まった当初は、このように尊氏と直義、軍事と政治で、将軍権力は二分されていました。トップがふたつに割れているというのは、政権の体制としてもよくないわけです。尊氏派と直義派というように、ふたつのグループに分かれてしまうこととなり、結局、それが観応《かんのう》の擾乱《じょうらん》というかたちで両者が対立してしまうことになるのです。

日本史上最大の「兄弟喧嘩」

軍事の尊氏と政治の直義というふたつの派閥ができた室町幕府では、その後、内部抗争へと発展していきます。これが観応元（一三五〇）年から文和元（一三五二）年に起きた、観応の擾乱です。

尊氏は建武政権を倒した後、光明《こうみょう》天皇を擁立しますが、後醍醐天皇は吉野へと逃れ、ここで自らが天皇家の正統であると主張するに至ります。そのため、北と南にふたつの朝廷が並立するようになります。京都の光明天皇擁する持明院《じみょういん》統《とう》の朝廷を北朝、吉野の後醍醐天皇を擁する大覚寺《だいかくじ》統《とう》の朝廷を南朝と呼び、各地の武士たちを巻き込んだ対立となりました。これがいわゆる南北朝の動乱です。この最中に起きたのが、観応の擾乱でした。

この抗争は、当初は尊氏の執事（家宰《かさい》）である高師直《こうのもろなお》と、直義との争いから始まります。鎌倉幕府と戦った後醍醐天皇や護良《もりよし》親王は、「悪党」という鎌倉幕府に対抗的な勢力を自軍に引き入れたと先に述べました。強大な軍事力を有する「悪党」は、おそらく私の見立てでは、軍事を担う尊氏の一番の腹心である高師直のもとに吸収されたのだろうと思います。

当時、派手な衣装を纏《まと》って伝統的な権威を無視し、秩序の破壊者として振る舞ったバサラ大名という者たちがいました。高師直はそんなバサラ大名の代表格のような存在です。御家人になれずに、既成幕府の秩序に反抗する「悪党」とバサラ大名は、その価値観において通じ合うものがあったのではないかと思われます。

高師直が率いた軍勢は非常に強力で、室町幕府の軍勢のなかでは切り札と言っても過言ではありませんでした。直義はそんな高師直と高氏一族を破り、滅亡にまで追い込むことに成功します。

一番の腹心を殺された尊氏は、当然、高氏一族を滅ぼした直義を許すわけにはいきません。こうして、尊氏と直義の直接の「兄弟喧嘩」が表面化してくるわけです。

高師直を破った直義ですが、他の守護大名から信頼を集めるには至らなかったため、関東へと下向しました。

尊氏は逃げる直義の軍勢を追討しようと考えますが、同時に京都を留守にした際に、対立する南朝の軍勢が動き出すことも警戒しています。このとき、南朝には吉野に後《ご》村上《むらかみ》天皇がおり、南朝を奉じる北畠親房のもと、楠木《くすのき》一族の残党が残っていました。この軍勢を尊氏は警戒したのです。

そのため、観応二（一三五一）年、尊氏は南朝と和睦し、北朝の崇《す》光《こう》天皇を退位させて、南朝の年号「正平《しょうへい》」に統一しました。これがいわゆる「正平一統」です。あくまでもかたちだけのものでしたが、尊氏は南朝の後村上天皇に忠誠を誓います。言わば北朝の天皇は尊氏の方便として利用されたのです。

かくて尊氏は義詮《よしあきら》に京都の守りを任せると、直義の軍勢を追い、薩埵《さった》山《やま》の戦い、早川尻《はやかわじり》の戦いで続けて直義軍を退けました。こうして直義は降伏せざるを得ず、延福寺に幽閉されます。そして、正平七（一三五二）年二月二十六日、謎の急死を遂げるのです。ちょうどこの日は、直義によって殺された高師直・高師泰《もろやす》の兄弟の一周忌にあたる日でした。偶然とは思えない符合に、おそらく直義は尊氏に殺されたのだろうと推測されます。

ちなみに『太平記』には直義の死因は毒殺であると記されています。ただ、日本史を通じて毒を盛られて殺されたという例はほかにあまりありません。本当のところは定かでありませんが、鴆《ちん》という鳥の羽の毒を用いられたとされています。二〇二二年十一月から翌二〇二三年二月まで、上野の国立科学博物館で開催された特別展「毒」で知ったのですが、どうやら鴆毒というものは本当にあるようです。いずれにしろ、直義は急死し、それは尊氏に殺されたのだと考える研究者は多いのです。

直義が亡くなったのちには、息子の直冬《ただふゆ》が父の跡を継いで直義派の長として戦い続けました。実はこの直冬は尊氏の実子だったのですが、尊氏が認知しなかったため、直義が養子として育てた子でした。直冬は養父・直義に恩義を感じ、実父である尊氏に抵抗し続けたのです。

直冬が率いた直義の一派の主体となったのは、山陰《さんいん》の山名《やまな》氏であり、その後の応仁《おうにん》の乱の中心的な勢力のひとつとなります。応仁の乱については次章で詳しく見ていきたいと思います。

いずれにしろ、尊氏は最大の協力者であった弟・直義を切り捨ててまで、朝廷のある京都に政権をつくることを選びました。その後の室町幕府の歴史は、この尊氏と直義の路線の対立が繰り返されると言っても過言ではないだろうと私は考えています。日本史上最大の「兄弟喧嘩」と言っていいでしょう。

そうしたなかで、尊氏の路線を引き継ぎ、最大の成果を上げたと言えるのが、三代将軍・義満だったのです。

軍事と政治を担うスーパー権力者の誕生

さて、尊氏と直義の「兄弟喧嘩」を見てもわかるように、軍事と政治という権力がふたつに分かれた状態のままであると、政権としては非常に危ういわけです。そこで尊氏の跡を継いだ義詮は、ひとりでこの軍事と政治を担う将軍となります。しかし、この二代将軍の頃は、義詮自身にその両方を担えるほどの力量がなく、うまく両輪で機能していたとは言い難いでしょう。また、義詮は若くして亡くなり、息子の義満が跡を継いで、三代将軍となります。

この義満の代で、初めて軍事と政治の両方をひとりの将軍が担う状態になったと言えます。また、彼は将軍であると同時に、公家社会のトップとなり、幕府が朝廷を飲み込んだかたちになります。言わば軍事と政治の両方を担い、幕府と朝廷の両方の権力を一身で体現した、スーパー権力者となったのです。

この義満の強大な王権のあり方の青写真を描いたのが、義満の「育ての親」である細川頼之《よりゆき》でした。管領《かんれい》である細川頼之は、義満が十歳で元服した際の烏帽子《えぼし》親《おや》を務めています。烏帽子親とは一門のトップなど、将来にわたり面倒を見てくれる人物がなるもので、まさに親代わりの存在であり、後見人です。頼之は義満に、二条良基《よしもと》という格式が高く、学者でもあった人物を家庭教師につけました。義満は彼を通じて、朝廷の儀式での作法を学び、武士ながら貴族としての振る舞いを叩き込まれたわけです。

元服後、義満は貴族としてたちまちに出世し、内大臣、左大臣を経て、最高位である太政大臣にまで上り詰めました。ちなみに、尊氏や義詮は権大納言《ごんだいなごん》止まりです。

かつて、平清盛も貴族として昇進し、太政大臣を務めていましたが、清盛の場合は、内大臣になった後、右大臣・左大臣を飛ばして、太政大臣になりました。普通に考えれば飛び級で出世したほうが偉いように見えますが、大臣に関しては、内大臣・右大臣・左大臣とひとつひとつ、きちんと上がっていくほうが格が上になるのです。右大臣・左大臣を飛ばしてしまった平清盛よりも、左大臣を経験して太政大臣になった義満のほうが格上というわけです。

左大臣は朝廷におけるすべての儀式の監督役です。儀式の段取りや貴族たちの動きを熟知していないと到底務まりません。平清盛は左大臣をやろうにもそうした知識・教養がなくてできなかったのです。ところが、武士ながら、二条良基に貴族の教養を叩き込まれている義満は、こうした儀式の監督役を担えたので、左大臣になることができました。義満は早くから名実ともに貴族の一員として十分に認められるよう、着々と準備を進めてきたことがわかります。

貴族からしても、貴族の文化やしきたりに精通する義満には頭を下げやすくなるわけです。武家の主従関係とは異なる、貴族の主従関係を結ぶことも可能となったわけです。

朝廷では、政治の実務を担当するのは上級貴族ではなく、中級貴族であることが常でした。基本的に世襲で受け継がれる上級貴族は、何もしなくても上級貴族なのです。私は「中級実務貴族（中級実務官人）」と呼んでいますが、中級の官位に留まる彼らはきちんと仕事をこなし、最も政治的な働きをしていたのです。

そんな中級実務貴族を自分の手足のように使わなければ、朝廷を運営することはできません。鎌倉時代の院政における上皇というのは、こうした中級実務貴族と直接に結びつき、朝廷を動かしていました。中級実務貴族は、位で言えば、高くても大納言、おおかたは中《ちゅう》納《な》言《ごん》か参議止まりが普通です。

左大臣も経験し太政大臣となった足利義満は、こうした中級実務貴族を家来にして、朝廷を掌握したのです。

貴族たちにとっても義満の家来になるということは、荘園の取り立てを依頼しやすくなります。当時は、基本的に武士に取り立ててもらわないと、税収を得ることができなかったのです。武士に頼るには、手っ取り早く将軍である足利義満の家来になってしまえばよいというわけです。

私の先生にあたる百瀬《ももせ》今朝雄《けさお》先生（史料編纂所）が非常に面白い事例を取り上げています。法華経を講義し、亡くなった人の菩提《ぼだい》を弔《とむら》う法華八講という仏事があるのですが、二代将軍・足利義詮が主催した法華八講には、義詮と個人的に親しい貴族が数人参加するくらいで、貴族はほとんど出席しませんでした。しかし、足利義満が主催した法華八講には、今で言う現役の閣僚級の貴族たちのほとんどが出席しているのです。それくらいに義満は

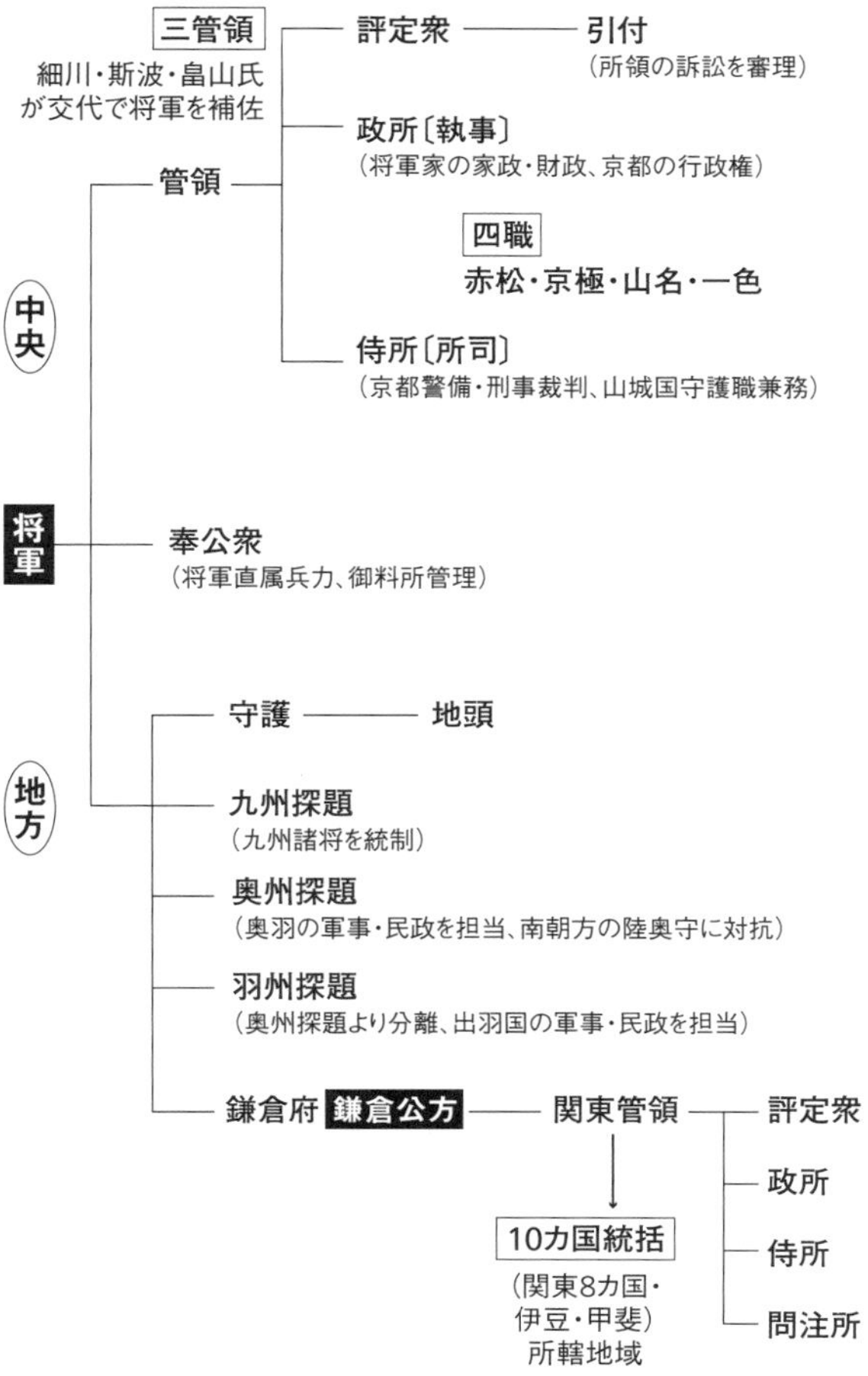
三管領
細川・斯波・畠山氏
が交代で将軍を補佐
評定衆
引付
（所領の訴訟を審理）
政所〔執事〕
（将軍家の家政・財政、京都の行政権）
管領
四職
赤松・京極・山名・一色
中央
侍所〔所司〕
（京都警備・刑事裁判、山城国守護職兼務）
将軍
奉公衆
（将軍直属兵力、御料所管理）
守護
地頭
地方
九州探題
（九州諸将を統制）
奥州探題
（奥羽の軍事・民政を担当、南朝方の陸奥守に対抗）
羽州探題
（奥州探題より分離、出羽国の軍事・民政を担当）
鎌倉府
鎌倉公方
関東管領
評定衆
政所
侍所
問注所
10カ国統括
（関東8カ国・
伊豆・甲斐）
所轄地域

室町幕府の機構

貴族たちに影響力を持っていました。

こうして、義満は武家も公家もすべて家来とする、言い換えれば将軍が天皇を取り込んでしまったような、強大な「室町王権」を実現させるのです。

将軍が天皇を取り込み、幕府と朝廷が合体した室町王権という青写真を描いたのは、義満の後見人である細川頼之だったと言えるでしょう。早くから義満に二条良基のような人間をつけて、貴族の文化やしきたりを学ばせ、貴族たちをも掌握できる人物として育て上げた人物、それは細川頼之にほかなりません。

さらに言えば、このような細川頼之のアイデアのもとになった人物は、足利尊氏だったと思うのです。

室町幕府内で続く尊氏派と直義派の分裂

武士たちの棟梁である将軍が、貴族となり、公家たちをも家来として従える。このようなグランドデザインを描いた細川頼之の発想は、やはり京都に政権をつくろうとした尊氏と鎌倉に戻ろうとした直義の「兄弟喧嘩」にルーツがあるだろうと私は考えています。

繰り返すように、尊氏と直義の対立は、根本的な国家観・政権観の違いにありました。

直義は、幕府は幕府、朝廷は朝廷、武士は武士、貴族は貴族と区別して、棲み分ける路線を取ります。朝廷の争いに武士が関わるとろくなことにならない。その反対に、武士の政治には朝廷に口を挟ませない。そのためには、源頼朝のように朝廷には近づかずに、鎌倉に戻り、政権を固めるべきだという立場です。

他方、尊氏は京都に拠点を置く路線を取ります。京都で武士の政権を樹立する以上、同じく京都にある朝廷と関わり合うことは避けられません。その上で、あくまでも武士の政権にイニシアティブがある状態を目指します。「正平一統」の例にあるように、尊氏は自分の留守中に京都を攻められないようにしたいという理由だけで、簡単に、北朝を切り捨てています。自分たち武士が朝廷に従うなど、思ってもみなかったのでしょう。その一方で、貴族たちが持つ文化力や実務力を知った尊氏は、武家政権が貴族社会を取り込んで利用していくというようなプランを考えていたのだと思います。

このように考えると、まさに細川頼之は尊氏派の継承者ということになるでしょう。

これは尊氏派と直義派にそれぞれ与《くみ》した武士たちの対立にも見てとれます。細川氏と政治的に対立する斯波《しば》氏、山名氏は直義派の武士たちでした。斯波高経《たかつね》、山名時氏《ときうじ》は、観応の擾乱の際に直義派の主力として尊氏派と戦います。

尊氏と直義の「兄弟喧嘩」に端を発するこの対立は、実は室町幕府のなかで、その後ずっと続いていくのです。天授《てんじゅ》五／康暦《こうりゃく》元（一三七九）年に起きた康暦の政変では、斯波氏や土岐《とき》氏らが細川頼之の管領罷免を求める動きを見せます。これにより、細川頼之は自らの本拠地である四国へ追放され、反頼之派の急先鋒である斯波義将《よしゆき》（斯波高経の子）が、管領となりました。

しかし、足利義満は細川頼之と連絡を取り合い、元中《げんちゅう》七／明徳《めいとく》元（一三九〇）年に土岐氏を、翌年には山名氏を討ちました。その間、斯波義将が管領を辞任し、義満は細川頼之を京都へ呼び戻しました。その後、頼之の養子である細川頼元《よりもと》を管領として、その補佐役に頼之をつけたのです。

東国の切り離しと南北合一

当時の山名氏は、一族で一一カ国もの守護職を持っていた、強大な勢力です。全国六六カ国の六分の一を領有していたことから、「六分一殿」とも呼ばれました。

しかし、元中八／明徳二（一三九一）年の山名氏清《うじきよ》や山名満幸《みつゆき》らを討った明徳の乱の後では、領国は三カ国に減らされました。反細川派の大物だった山名氏清を討ったことで、義満と頼之は軍事的な覇権を握ることとなります。

また応永《おうえい》六（一三九九）年の応永の乱では、土岐氏や山名氏に続いて、同じく直義派であった大内《おおうち》氏を討ちました。その結果、大内義弘は敗死し、大内氏の領国は、周防《すおう》と長門《ながと》の二カ国に減らされることとなります。

こうして、義満と頼之は裁判を司る検非違使《けびいし》庁を無力化し、朝廷の利権であった京都における土地や債務の裁判権・課税権を幕府の管轄下に置くことに成功します。

また、京都に政権を樹立して以降、関東地方を統治するために鎌倉には「鎌倉公方《くぼう》」が置かれましたが、この鎌倉公方に東北地方の支配・統治も一任することになります。つまり、東国の切り離しを図ったのです。こうして、義満と頼之は、京都を中心とした西国の政権として室町幕府を位置付けることになります。この鎌倉公方とその後の関東については、次章で扱いたいと思います。

細川頼之自身は、山名氏を討ったのちの明徳三（一三九二）年に亡くなっていますが、こうして義満はその路線を引き継ぎ、室町王権をつくり上げていったのです。その総仕上げとして、義満は対立していた南北朝を統一します。南朝の後《ご》亀山《かめやま》天皇に、持明院統と大覚寺統が交互に天皇になる両統迭立《てつりつ》などの条件を提示し、これを受諾させると、三種の神器を北朝の後小松《ごこまつ》天皇に譲渡し、南朝は終焉を迎えたのです。その後、両統迭立は守られず、北朝の系統だけが続いていくこととなります。

江戸幕府まで続いた対立の構図

しかし、足利義満と細川頼之が築いた室町王権も長く続いたわけではありませんでした。四代将軍となった息子の足利義持《よしもち》は、義満の死後、義満と頼之の室町王権の路線をひっくり返し、天皇を重んじる姿勢を選びました。

義満が亡くなった際に、朝廷は太上《だいじょう》天皇、すなわち上皇の称号を足利義満に送ろうと義持に相談します。しかし、義持はそれを断っているのです。よほど父親の義満とはそりが合わなかったのだろうと思います。

さらに管領には、反細川グループのリーダー格である斯波義将が返り咲き、義満が始めた日明貿易も廃止にするなど、さまざまな改革を行いました。

こうして、細川頼之が描いた「幕府（武家）が朝廷（公家）を飲み込む」という王権のかたちは否定されることとなります。ここに尊氏と直義の「兄弟喧嘩」の再演が起こることになるのです。かつての直義派が勢いを回復してきたということになるでしょう。

足利義満・細川頼之によって勢力を軽減された土岐氏、山名氏、大内氏は、斯波氏のグループであり、反細川派、元を正せば反尊氏派である直義派です。これが結局、応仁の乱の際には西軍の主力となっていくのです。

斯波氏が考えていたのは、将軍は将軍、天皇は天皇、幕府は幕府、朝廷は朝廷という分離路線であり、それはまさに直義の思想だったと言えます。

逆に尊氏の思想であり、足利義満・細川頼之が築き上げた「幕府（武家）が朝廷（公家）を飲み込む」という室町王権の路線は、かつて平清盛が果たせなかったものだったと言えるかもしれません。それはある意味では、大坂に拠点を置き、経済を重視したのちの豊臣秀吉の豊臣政権にまで受け継がれたとも言えるでしょう。そのように考えると、直義の思想は、頼朝以来の「朝幕分離」路線であり、それは徳川家康の江戸幕府へと受け継がれたとも言えるかもしれません。

「兄弟喧嘩」に和解の道はあったのか

このように、尊氏と直義の「兄弟喧嘩」、京都か鎌倉かという対立は、日本の歴史を考えると、非常に長い射程を持った重要な対立だったと言えます。

果たして、このような根本的な対立に基礎を置く二人の「兄弟喧嘩」に、和解の道はあったのでしょうか。

トップ同士で言えば、どこかでこうした政治思想をひとつにすり合わせられればよかったのだと言えるかもしれません。尊氏が京都に進出した時点で、新しい政権づくりに直義は賛同し、兄・尊氏のサポートをしっかりやるということで納得できれば、当然ながらこうしたことにはならなかったでしょう。先述したように、当時の状況がすでに京都を中心とした物流網と経済によって成り立っていた以上、やはり京都に政権を置くことは避けられなかったとも言えます。

しかし、トップ同士が仲直りしたとしても、そこにはそれぞれの派閥があり、家来たちがいます。尊氏派の武士たちと直義派の武士たちがそこにはいるわけです。尊氏と直義といったトップ同士には明確な思想・路線の違いがあったとしても、家来のレベルでは実はそこまで明瞭な違いはない場合が多いのです。本当に「あいつが気に食わねえ」というような水準で対立することもしばしばです。

桃井直常《もものいただつね》という武士は、そのいい実例と言えるでしょう。『三国志』で言うなら張飛のような、粗暴な印象のある武士で、言ってしまえば暴れ者。軍事を担う尊氏の腹心で、バサラ大名である高師直的な武士とも言えます。

だから、てっきり高師直の一派に与するかと思いきや、まるで反対の、政治を担い教養派である直義の一派に入っています。それは単純に高師直と喧嘩をしてしまったからなのです。どう見ても直義とはうまくいかなそうなのですが、一度、直義派についたからには先陣を切って戦ったのも、この桃井直常でした。

そういう意味では、たとえトップ同士が意見をすり合わせて、統一した方向性を決めたとしても、家来同士はそれぞれの都合や理由からすでに対立関係にあるわけで、なかなか和解ができません。そうすると自分についてきた家来を切り捨てることになるのです。直義としても、桃井直常を切って、彼と対立する高師直を従える兄・尊氏と仲良くするということは、なかなか難しいことだったのだと思います。

第五章 尊氏派VS直義派

——応仁の乱と関東争乱の理念なき「喧嘩」

時代を超えて引き継がれる「兄弟喧嘩」

前章で見てきたように、西国の京都を中心に政権を構想する足利尊氏派と、東国の鎌倉で政権を構想する足利直義《ただよし》派の対立は、室町幕府の歴史を通じて、射程の長い対立の原理となってきました。

それは、三代将軍・足利義満《よしみつ》の時代においては、義満と細川頼之《よりゆき》の一派と、かつての直義派であった斯波《しば》氏・山名《やまな》氏・土岐《とき》氏・大内《おおうち》氏らのグループとの対立となって現れます。この政治抗争の果てに、応仁《おうにん》元（一四六七）年から文明《ぶんめい》九（一四七七）年までの一一年間にわたって続いた、「応仁の乱」になっていったのだと私は考えています。

教科書的に説明すれば、管領《かんれい》の畠山《はたけやま》氏・斯波氏の家督争いと足利将軍家の家督争いに、細川勝元と山名宗全《そうぜん》が介入したことで引き起こされたのが、応仁の乱だとされます。

しかし、この応仁の乱の本質は、足利義満の時代における勝ち組である細川氏（とその一派である赤松《あかまつ》氏、京極《きょうごく》氏）が東軍に、負け組である山名氏（とその一派である大内氏や土岐氏）が西軍となって、時代を超えて幕府の主導権をめぐり対立したものだというのが、私の見立てです。

同じく教科書通りの説明からすると、応仁の乱が起きたために足利将軍家が没落し、戦国時代が始まったとされます。ところが事実はそれとは逆だったと思います。つまり、足利将軍家の権威・権力が衰えたからこそ、応仁の乱が引き起こされたのです。

「細川派VS斯波派」から「細川派VS山名派」へ

前章でも述べたように、三代将軍・足利義満とその後見人で育ての親である細川頼之は、土岐氏、山名氏、大内氏といった、かつての直義派である守護大名家を次々に討ち、その力を削ぎました。その後の細川氏にとって、一番の政敵は足利一門の名家である斯波氏です。当時、細川氏と斯波氏が管領を務め、将軍の補佐役として実質的に政治を動かしていました。三代将軍・義満は細川氏と蜜月関係にあり、その跡を継いだ四代将軍・義持《よしもち》は、父・義満の政治を否定し、斯波氏と密接な関係を築きます。

当時の日本列島において、東西を分ける境は越前《えちぜん》国・美濃《みの》国・尾張《おわり》国のラインにありました。斯波氏の領国は越前国・尾張国・遠江《とおとうみ》国で、二カ国が東西の境の国でした。また、同じくかつての直義派である美濃国の守護・土岐氏とも良好な関係を築いており、斯波氏はまさに日本の東西の結節点を押さえる存在だったのです。

しかし、前章で触れたように、足利義満と細川頼之は、鎌倉公方《くぼう》に東北の統治を丸投げしたことで、東国を切り離しにかかります。足利幕府が京都を中心にした西国での政権運営に舵《かじ》を切ったことで、東西の結節点である斯波氏の領国の価値が、相対的に下がってしまったのです。そのため、四代将軍・義持を補佐した斯波義将《よしゆき》の子供の代になると、斯波氏があっという間に力を失っていきました。

この斯波氏の代わりに、反細川派のトップとなり牽引したのが、山名氏でした。

くじ引きで選ばれた六代将軍・足利義教《よしのり》は、守護大名たちの力を削ぐことに注力しました。これにより、一色義貫《いっしきよしつら》や土岐持頼《もちより》らが暗殺されます。続いて山名氏や斯波氏、畠山氏、赤松氏らの家督争いにも介入していくのですが、義教は嘉《か》吉《きつ》元（一四四一）年の嘉吉の変により、播磨《はりま》国・備前《びぜん》国・美作《みまさか》国の守護大名・赤松満祐《みつすけ》の自邸にて、暗殺されてしまいました。

播磨国を本拠とする赤松氏は、細川氏の盟友にあたる存在です。直義が亡くなった後、養子の直冬《ただふゆ》が直義派の長となって戦いを続けたと先述しましたが、その際、戦で活躍したのが山名氏です。この山名氏が山陰から京都へ幾度も攻め込んで来たとき、細川氏とともに京都への街道を守ったのが赤松氏でした。同じように細川氏とともにしばしば行動した京極氏が、応仁の乱の際には同じ東軍となります。

武家の棟梁である将軍・義教を、その家来である一守護大名に過ぎない赤松氏が討ったということは、将軍の権威自体が大きく揺らいだことを意味します。また、将軍が討たれたのち、細川氏は盟友である赤松氏を討つことに躊躇《ちゅうちょ》したため、幕府の対応は後手に回りました。これを好機と見たのが山名氏でした。

山名氏の家督を継いだ山名宗全は、ほとんど単独で赤松氏を討伐することに成功します。この功績によって、かつて四カ国にまで減っていた山名氏の領国は、八カ国にまで回復したのです。しかもそれは、細川氏の領国九カ国に匹敵する規模で、山名氏の発言力は増していきました。

畠山氏の家督争いから「細川派VS山名派」へ

室町幕府における管領は、将軍を補佐し、政務を統括する、実質的な幕府の政治の運営者です。前節で述べた足利一門の細川氏、斯波氏に加えて、畠山氏が持ち回りで務めたことから「三管領」と呼ばれます。

ちなみに、武士たちを統率し、京都の治安維持と防衛を担ったのが侍所《さむらいどころ》でしたが、その長官にあたる所司になれるのが、赤松氏・一色氏・山名氏・京極氏・土岐氏が途中で外されて四家となったことで、これを「四職」と呼びます。

応仁の乱前夜において、山名氏が細川氏を脅かす勢力として回復してきた点を先に見てきましたが、山名宗全とともに幕府内で大きな力を有していたのが、三管領のもうひとつの家である畠山氏です。四代将軍・義持、五代将軍・義量《よしかず》、六代将軍・義教と三代にわたり管領として仕えたのが畠山満家《みついえ》ですが、その息子・持国《もちくに》の代で、畠山氏は全盛期を迎えたと言ってよいでしょう。しかし、その持国の家督をめぐり、畠山氏は真っ二つに割れてしまうのです。

畠山氏の家督は、持国の実子である畠山義就《よしひろ》と、持国の養子・畠山政長《まさなが》の間で争われました。義就の母親は遊女だったらしく、出生当初は父・持国は自分の息子とは認め難く、出家させるつもりでした。そのため、ほかに男子がいなかった持国は、甥の政長を後継者に指名します。ところが、成長した義就の姿を見た持国は、自分の息子であるという確信を得て、義就の出家を取りやめ、跡を継がせようとしたのです。このため、畠山氏は義就派と政長派に分かれての跡目争いとなりました。

この畠山氏の跡目争いに介入した室町幕府は、義就を謀反人として討伐に乗り出します。

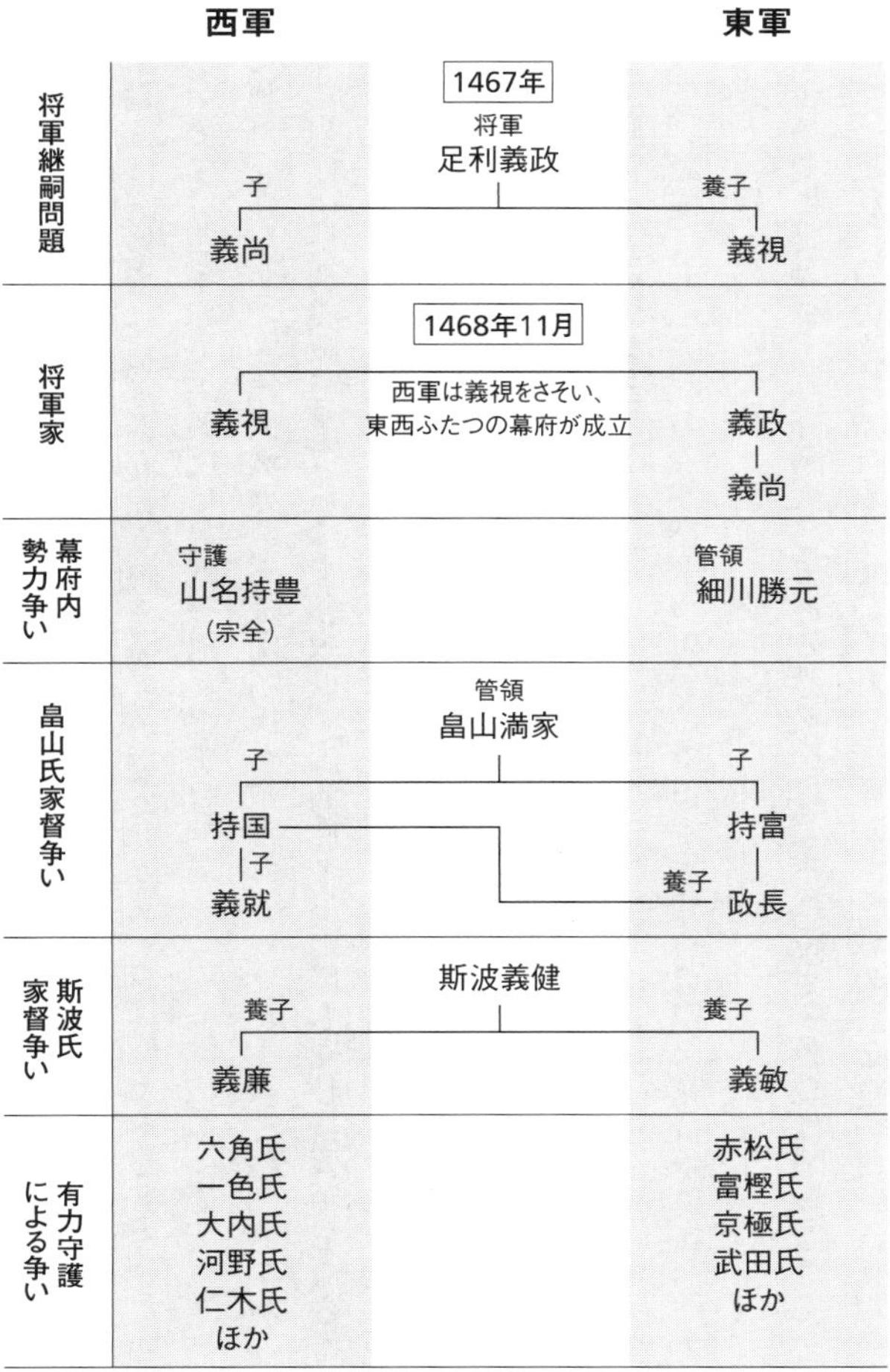

応仁の乱の対立関係

出典：『山川　詳説日本史図録（第8版）』

幕府の命を受けた守護大名たちが攻めるなか、義就は戦上手の才能を発揮し、奮闘します。応仁の乱は全体を通じて、名将と言えるような武将もない軍事的には平凡な争いでしたが、畠山義就は例外でした。粘り強く戦う義就の姿に、「こいつは使える」と思ったのが、山名宗全です。こうして山名氏は義就を担ぎ出すのです。

足利幕府のなかでも一大勢力である山名氏が敵方についてしまったわけですから、一番困ったのは、足利義政《よしまさ》です。そこで義政は、山名氏・畠山氏と同じ三管領である、幕府内で唯一、山名氏と対抗できる力を持った細川勝元を頼るのです。山名側には大内氏・土岐氏・一色氏が加わり、細川側には以前からともに行動していた赤松氏・京極氏が加わります。こうして、畠山氏の家督争いは、細川派と山名派の争いとなっていくのです。

足利将軍家の家督争い

さて、最後に応仁の乱のもうひとつの争いである足利将軍家の家督争いについても見ていきましょう。

嘉吉の変によって、一守護大名である赤松氏に、六代将軍・義教は暗殺されました。こうして、足利幕府の影響力は衰えていくわけですが、義教の跡を継いだ七代将軍・義勝《よしかつ》は幼いうちに亡くなり、その弟の義政が八代将軍に就任します。この義政の後継者をめぐって、足利将軍家で家督争いが起きるのです。

八代将軍・義政は銀閣寺を建てた人物としても知られていますが、子供に恵まれなかったため、出家した自分の弟を還俗させて次の将軍にしようと考えました。しかし、弟は自分が還俗した後、もし兄に男子が生まれれば、自分の立場が危ぶまれると、難色を示します。義政は「そんなことにはならない、必ずお前を支持する」と説得に努め、こうして還俗した弟・義視《よしみ》が次期将軍に指名されたのです。

ところが、その翌年に義政と妻・日野富子との間に男子が生まれ、義視が危惧していたことが現実となってしまいます。義政は弟との約束を守ろうとしましたが、日野富子としては自分が産んだ実の子である義尚《よしひさ》に将軍になってほしいわけです。その結果、義視派と義尚派に分かれて、争うようになったのです。

すでに足利将軍家の権威は失墜していたのですが、先述の細川派と斯波派の後継となった山名派との対立に、足利将軍家の家督争いが絡んでいき、義尚を細川派が、義視を山名派が担ぐことで、応仁の乱の対立構図が出来上がります。

細川派と山名派による幕府の主導権争い

このように見ていくと、前章や本章の冒頭で見たように、応仁の乱とは、細川派と山名派の争いであり、その大元をただせば、尊氏派と直義派の対立に行き着きます。尊氏と直義のトップ同士では、幕府を京都に置くのか／鎌倉に置くのか、朝廷とともに政治を行うのか／朝廷と距離を取るのか、国家観・政権観や思想の根本的な違いから、対立が生まれていったのでしょう。

しかし、時代が経るとこうした思想や理念は失われていき、応仁の乱の頃には、ただ単に「相手が許せない」という気持ちだけが残ってしまったのではないでしょうか。代々引き継がれてきた「憎き細川」「憎き山名」という恨《うら》みが両陣営の人間たちにわだかまりとしてくすぶり続けていたのです。

やがて足利幕府は衰え、畠山氏や足利将軍家の家督争いが起き、両者の積年の恨みが表面化して、東軍と西軍という幕府を二分する争いへと発展したのです。それは尊氏派と直義派の争い以来の対立構図であり、細川派と山名派が異なる陣営に味方したことで、応仁の乱が引き起こされたのです。

尊氏派と直義派の戦いは、尊氏派の勝利に終わり、第三代将軍・義満の時代には、細川

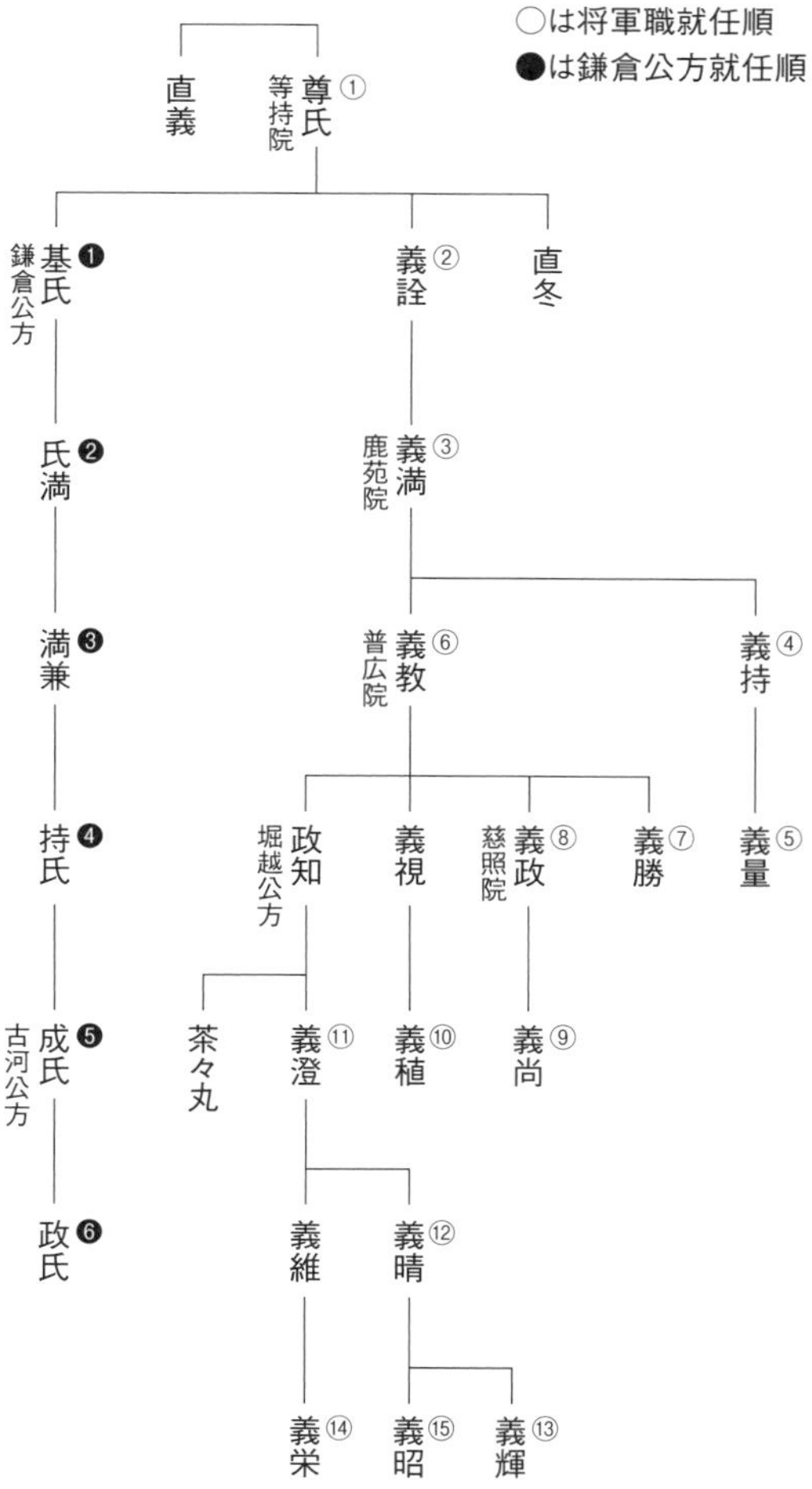
○は将軍職就任順
●は鎌倉公方就任順
直義
尊氏① 等持院
基氏❶ 鎌倉公方
義詮②
直冬
氏満❷
義満③ 鹿苑院
満兼❸
義教⑥ 普広院
義持④
持氏❹
政知 堀越公方
義視
義政⑧ 慈照院
義勝⑦
義量⑤
成氏❺ 古河公方
茶々丸
義澄⑪
義稙⑩
義尚⑨
政氏❻
義維
義晴⑫
義栄⑭
義昭⑮
義輝⑬

足利氏略系図

派が実権を握りましたから、言わば細川派は勝ち組、山名派は負け組です。応仁の乱では、その両陣営が、再び室町幕府の政治的な主導権を懸けて争ったのです。言い換えれば、山名派は権力を握っていた細川派にリベンジを果たすべく、戦いを挑んだことになります。

結局、理念なき戦いのために応仁の乱は、一一年もの長きにわたってダラダラと続きました。基本的には戦ったりやめたりの繰り返しで、両陣営が激しくぶつかり合ったわけではありません。細川勝元も山名宗全も戦乱の途中で亡くなっています。

室町時代から戦国時代へ

いずれにしろ、一一年続いた応仁の乱によって、もはや室町幕府にはこうした戦乱を鎮めるほどの力がないということが明らかになりました。幕府の主導権を握ろうとした細川氏・山名氏双方の目論見は、結果的にはずれることとなります。

将軍と幕府には何の力もないことを悟った守護大名たちは、もはや京都にいても意味はないと自分たちの領国へと戻っていきます。室町幕府は、守護大名たちに対しては京都守護のため京都常駐を義務付けていました。言わば応仁の乱を戦ったのは、こうした京都に暮らした守護大名たちだったのです。応仁の乱ののち、そうした守護大名たちは、将軍の命令を無視し、自分たちの領国へと戻っていきます。

そうして地元に戻った大名たちが、自らの力で自らの土地を支配すると宣言したことで、戦国大名へとなっていきます。しかし、すべての守護大名が自分の領国に戻って戦国大名になれたわけではありませんでした。各地では、自分の家来によって領地を乗っ取られる「下剋上」が横行したのです。

斯波氏が守護を務めた越前国と尾張国は、前者は守護代の朝倉氏に、後者は守護代の織田氏に奪われてしまいました。土岐氏の領国である美濃国も、守護代の斎藤妙椿に実権を奪われてしまいます。こうして、京都から地元へ戻った守護大名の多くは、戦国大名に転身できずに没落していったのです。

これに対して、関東や東北、九州は事情が違いました。関東を治めるために鎌倉には鎌倉公方が置かれましたが、明徳《めいとく》三（一三九二）年の時点で、足利義満は関東だけでなく、東北の統治も鎌倉公方に一任します。こうして東国の切り離しを行うわけですが、これにより関東と東北、そして九州探題が置かれた九州は、幕府の直接統治の対象外となっていました。それゆえ、京都で暮らす義務は課せられていなかったのです。関東と東北、九州の守護大名たちは、ずっと地元に張り付いていることができました。だからこそ、幕府の力が弱まると、そのまま戦国大名に転身することに成功したのです。

本章の後半では、足利義満によって切り離された東国における鎌倉公方の存在について見ていきたいと思います。この鎌倉公方は、その後、第二の将軍として、時に京都の室町幕府とも対立関係・緊張関係にありました。

なぜ室町幕府は関東を「見捨てた」のか

経済を押さえるために京都を政権の拠点とした足利尊氏は、少なくとも関東だけでなく関西を含めた日本の東西、すなわち「ひとつの日本」を視野に入れ、日本列島全体を支配しようという意図を持っていたと私は考えています。

そのために、尊氏は東奔西走するわけですが、これまで見てきたように結局、鎌倉で政治を行いたい弟の直義との対立となります。その過程で、おそらく尊氏は東西の両方を京都の将軍ひとりの権力で統治することの困難さに直面したのだろうと思います。そのために、やむなく自分の二番目の息子である基氏《もとうじ》を鎌倉公方に任じ、東国の統治の強化を図ったのです。

尊氏は本来、京都の室町幕府による一元支配を目指し、鎌倉公方のようなものは置きたくはなかったのでしょう。しかし、当時の室町幕府にはそこまでの力はなく、また鎌倉に政権を置きたい直義派との対立もありました。言わば京都に政権をつくりたい尊氏派と鎌倉に政権をつくりたい直義派の間を取るかたちで、折衷案として生まれたのが鎌倉公方だったのです。言い換えれば、それは第二の将軍ともいうべき存在です。

ところが、三代将軍・足利義満の頃になると、東国支配は完全に鎌倉公方任せになっていきます。明徳三（一三九二）年、南北朝が統一され、室町幕府は義満・細川頼之派のライバルであった山名氏を討つと、東北の統治を鎌倉公方に一任します。こうして、関東は完全に室町幕府の直接支配から切り離されることとなりました。それはある意味では、関東が京都から見捨てられたということになります。

幕府の無責任人事が争乱を呼ぶ

そもそも室町時代において東北の統治はどのようになされていたのでしょうか。一言で言えば、室町幕府の奥州統治はかなり場当たり的でした。そのため、京都からも遠い東北の地を大切には扱っていなかったのではないかと思われます。

足利政権では、東北地方の統治のために奥州総大将という職を設け、足利一門の名家である斯波氏の斯波家長を任命しました。しかし、家長が南朝の北畠顕家《きたばたけあきいえ》との戦いで亡くなると、駿河・伊豆の守護だった石塔義房《いしどうよしふさ》を新たに任命します。その後、幕府は、奥州管領として吉良《きら》貞家《さだいえ》と畠山国氏《くにうじ》を東北へ送り込みました。

しかし、どうやらこの吉良と畠山は連携がうまく取れず、ぶつかり合い、両者の勢力争いへと転じていきます。やがて尊氏と直義の「兄弟喧嘩」である観応《かんのう》の擾乱《じょうらん》が巻き起こり、その際に吉良氏は直義派に、畠山氏は尊氏派に与《くみ》しました。

正平《しょうへい》六／観応二（一三五一）年の戦いで、吉良氏は畠山氏を討ち、畠山国氏は命を落としました。その後、吉良貞家が病没すると、息子の吉良満家が二代目奥州管領を名乗ります。しかし、畠山氏のほうでも、畠山国氏の息子・国詮《くにあきら》が管領を名乗り活動したのです。さらにかつて奥州総大将を務めた石塔義房の子である石塔義憲《よしのり》も管領を自称して立ち上がります。これに加えて、幕府は斯波家長の血縁である斯波家兼を新たな奥州管領に任命し、東北へ派遣してきたのです。

こうして、東北には、吉良満家、畠山国詮、石塔義憲、斯波家兼と四人もの管領が並び立つ、大混戦となりました。奥州管領をめぐる戦いは、やがて斯波家兼が頭ひとつ抜けてきます。奥州総大将と奥州管領の違い、吉良と畠山の役割の違いなどさまざまな研究がなされていますが、ここで最も重要なのは、いかに室町幕府の東北への対応がずさんかということに尽きるでしょう。

前任と後任の引き継ぎがきちんとなされず、役立たずの前任者を京都へ召還した形跡もない。この点を見ただけでも、幕府の対応はでたらめで、場当たり的と言わざるを得ません。そもそも室町幕府に奥州をきちんと統治する気があったかどうかも疑わしいのです。その無責任な人事の結果が、奥州管領の四人並立状態だったのだろうと思います。

京都で生まれ育った三代将軍・義満にとっても、関東のさらに奥である東北のことは「もう知らない」という感覚だったのでしょう。結果、鎌倉公方にその統治を一任し、東国の切り離しとなったのです。

将軍になりかわろうとした鎌倉公方

鎌倉公方は、足利尊氏の子・基氏の子孫が代々任じられてきました。関東公方とも呼ばれます。この鎌倉公方を支える役職として関東管領というものがありますが、これを担ったのが上杉氏でした。この頃、上杉氏は本家の山内《やまのうち》上杉家、犬懸《いぬがけ》上杉家、扇谷《おうぎがやつ》上杉家と三つの勢力に分裂しています。初代関東管領に任じられたのは、山内上杉家初代である上杉憲顕《のりあき》でした。

細川頼之が失脚した康暦《こうりやく》の政変に呼応して、基氏の跡を継ぎ二代鎌倉公方になっていた足利氏満《うじみつ》が、京都の足利義満に対して挙兵に及ぼうと企てます。しかし、当時の関東管領で上杉憲顕の子・上杉憲春《のりはる》が諫死したことで、鎌倉公方の挙兵は未然に防がれました。

また関東管領を務めた上杉氏のなかでも権力争いが激化していきました。三代鎌倉公方の足利満兼が亡くなったのちには、満兼の子である持氏は四代鎌倉公方になります。当時の関東管領は当初、山内上杉家の上杉憲定《のりさだ》でしたが、その後、失脚し、代わりに山内上杉家と対立関係にあった犬懸上杉家の上杉禅秀《ぜんしゅう》（氏憲《うじのり》）が関東管領となりました。上杉禅秀は鎌倉公方の実権をも掌握しようと持氏と対立した結果、関東管領を辞めさせられますが、こうして引き起こされたのが、応永《おうえい》二十三（一四一六）年の上杉禅秀の乱でした。結局、この反乱は上杉禅秀の敗北に終わり、犬懸上杉家は没落していくこととなります。

東国ではこのように鎌倉公方や関東管領の「喧嘩」が続くことになりますが、それは結局、応仁の乱と同様に、それぞれが自らの利益だけを欲した「理念なき戦い」でした。しかし、そのなかで、鎌倉公方は代を重ねるごとに、自らが将軍に取って代わりたいという野望を持つようになっていったのです。

「堀越《ほりごえ》」と「古河《こが》」に分裂した鎌倉公方

五代将軍・足利義量はわずか二十歳前後で後継もなく亡くなったことから、四代将軍・義持が将軍に返り咲き、政権を運営します。しかし、その義持も後継を指名しないまま病で亡くなったため、残された義持の四人の弟たちのなかから「くじ引き」で決められたのが、六代将軍・足利義教でした。これに対して、「くじ引きするくらいなら自分を指名しろ」と将軍職を狙ったのが、四代鎌倉公方の足利持氏です。

鎌倉公方・持氏は、ことあるごとに将軍・義教と対立します。持氏としては義教が将軍であることをなかなか認めません。こうして、永享《えいきょう》十（一四三八）年、持氏と関東管領の上杉憲実の対立によって引き起こされた「永享の乱」によって、鎌倉公方・持氏は将軍・義教に攻め滅ぼされてしまいます。これも政治的な信条や思想による対立というよりも、ほとんど理念なき「喧嘩」であり、要するに権力闘争に過ぎませんでした。

その後、室町幕府は持氏の遺児が鎌倉公方になることを許さず、代わりに新しい鎌倉公方として足利政知《まさとも》を下向させます。ところがこの政知は関東に来るとそのまま鎌倉には入らずに、伊豆の堀越に留まりました。

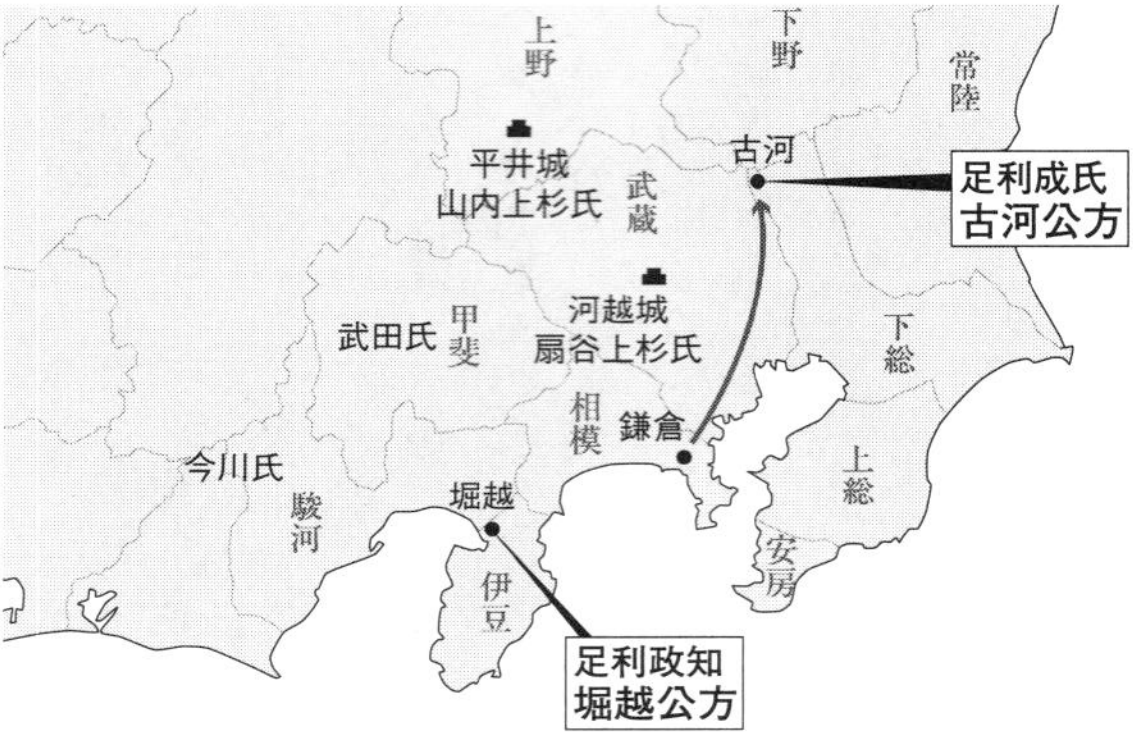

15世紀中頃の関東

というのも、鎌倉は京都と同じで、守りには不向きな土地柄だったのです。源頼朝の頃には、鎌倉は守りに向いているとして政権の本拠が置かれたわけですが、当時の戦はあくまでも一騎打ちが基本です。これに対して、元寇を経験したのち、集団戦に変わっていた室町時代には新田義貞の攻撃により、鎌倉はすぐに落ちるということが明らかになってしまいました。そのため、足利政知は攻めやすい鎌倉には戻らずに、堀越に留まったのです。これが「堀越公方」の始まりです。

この堀越とはかつての北条氏の故郷ですから、それなりに整備された土地柄だったと考えられます。私の感覚では、堀越公方は「北条公方」と言ったほうがピンとくる印象です。もっと言えば、堀越はさらに北条氏が出てくる韮山《にらやま》に近い位置関係にあります。

また、足利持氏の遺児である足利成氏《しげうじ》も、自らが正統な鎌倉公方であるとして立ち上がりました。ここに鎌倉公方をめぐる対立が続くことになります。しかし、この成氏も鎌倉にいては簡単に攻められてしまうと考えて、鎌倉ではなく、下総《しもうさ》の古河に本拠を置きました。これがいわゆる「古河公方」です。

東国の切り離しが関東の「喧嘩」を勃発させた

このように関東では、鎌倉公方もふたつに分裂し対立すると同時に、関東管領の上杉氏も上杉禅秀の乱で犬懸上杉家が没落したのちは、山内上杉家と扇谷上杉家のふたつに分かれ対立し、それぞれ権力争いを続けるというような状況が続いていくことになります。繰り返すように、そこに理念の違いといったものはなく、ただ単にどちらが偉いか、どちらが権力を握るかという「理念なき戦い」に過ぎません。

このように鎌倉公方も関東管領も、ふたつの勢力に分かれて睨み合い、火花を散らすという状況は、両者ともそこまで大きな力を持っていないことが原因です。

たとえば、南北朝の対立にしてもそうですが、南朝と北朝がなぜ分かれるのかと言えば、そこには分かれていたほうが得だと考える勢力がいるからです。この場合、当然それは室町幕府になります。京都での政権づくりを進めたい室町将軍家にとって、天皇の力を削ぐために朝廷がふたつに分かれるほうが、都合がよかったのでしょう。

鎌倉公方がふたつに分かれたというのも、その双方の力が拮抗しており、相対的だったがゆえに、室町幕府にとって都合がよかったのだろうと思います。

つまり、関東の勢力が分裂しているということは、それだけ関東をひとつにまとめる勢力がいないということです。罷《まか》り間違っても、関東を統一するような勢力が現れて、室町幕府と室町将軍家に取って代わろうとすることがないようにしたい。そのためには、鎌倉公方や関東管領が分裂した状態が望ましいというわけです。

もともと、室町幕府は三代将軍・義満の頃に東国の切り離しを行っています。これは言い換えれば、関東と東北については幕府の責任を放棄したことにほかなりません。関東でどんなに「喧嘩」が起きていようが、幕府のせいではないというスタンスです。

関東のほうが先に応仁の乱のような状況になり、関西に先駆けて戦国時代に突入していたと言われることがありますが、このように見てくるとそれは当然だとも言えます。戦国時代は幕府の影響力が弱体化し、各地の守護大名が自らの土地を自らの力で支配・統治して、戦国大名化したことによって始まります。

つまり、そこには幕府という中心がない、もしくはその影響力から脱しているわけです。そもそも関東はすでに幕府が見捨てた土地ですから、幕府の権威も薄い土地柄だったと言ってもよいでしょう。

関東に巻き起こっていた「喧嘩」は、繰り返すようにあくまでも実権を求めた「理念なき戦い」であり、純粋な権力闘争でした。

たとえば、上杉氏で言えば、上杉謙信の場合を見てもそれは明らかです。謙信は関東管領の上杉憲政《のりまさ》を担いで越後から関東へやってきます。関東の武士たちがこれに呼応として、一〇万の軍勢となり、北条氏の小田原城を攻めるわけですが、彼らは必ずしも北条氏を完全に否定する存在でもなく、関東管領に完全に恭順する存在でもありません。小田原城攻めもまとまりを持って攻撃するわけではないため、当然、城は落ちません。

その後、謙信が越後に帰ると、先ほど小田原城を攻めていた関東の武士たちのグループは雲散霧消し、北条氏に擦《す》り寄ったりしているのです。このようにまとまりがなく分裂している関東のなかで、次第に北条氏が力をつけていくことになるわけです。

こうして、日本全体が群雄割拠の戦国時代に突入していくわけですが、次章では戦国時代の最大のライバル同士と言われる上杉謙信と武田信玄の「喧嘩」について見ていきたいと思います。

第六章 上杉謙信VS武田信玄

——何が何でも「〇〇〇」が欲しかった

「戦術」「戦略」「兵站」の重要性

戦国時代の最大のライバル同士である上杉謙信と武田信玄。この両雄は、天文《てんぶん》二十二（一五五三）年から永禄《えいろく》七（一五六四）年、およそ一〇年にわたって、五度の争いを繰り広げました。有名な川中島の戦いです。特に永禄四（一五六一）年の四回目の戦いが、最も激戦だったと言われています。

そもそも、なぜ、上杉と武田は「喧嘩」をしなければならなかったのでしょうか。この「喧嘩」に勝ったのは、上杉謙信なのか、武田信玄なのか、いったいどちらだったのでしょうか。

上杉と武田の「喧嘩」は、もちろん、それは上杉謙信と武田信玄の、単純な個人同士の「喧嘩」というわけではありません。それは上杉家と武田家という集団同士の合戦であり戦争です。

現代の大規模な戦争、たとえばロシアによるウクライナ侵攻などを見ても、何の理由もなしに、プーチン大統領がウクライナを攻めるというわけがありません。戦争を仕掛けるからには、戦いに勝つことで何かを得るという「目的」があるはずです。戦争はあくまでも手段であり、目的はその先にあります。言い換えれば、戦争というものは、仕掛ける側がいるから存在するわけで、仕掛ける側は明確な目的を持って仕掛けているわけです。

当然、戦国大名同士の「喧嘩」となると、それは集団対集団の戦いを意味します。つまり、上杉と武田のような集団同士の戦いは、「あいつが気に食わないから」といって感情に任せて手を出すわけではないのです。チンピラ同士の、ひとり、ふたりの喧嘩ならば、「あの野郎、絶対許さない」と言って殴りつけたりすることもあるでしょうが、それぞれ集団を動かすとなると、相手に対する単純な嫌悪や殺意では戦いは起こりにくくなります。

たとえば、戦国大名同士の「喧嘩」となると、一万人からの規模の兵隊を動かさなければならないことがよくあるわけですが、ただ戦うだけでなく、こうした兵隊たちが食べる食糧を用意しなければなりません。一万人を動員した場合、すべてが武士＝プロの軍人ではありません。その大半は農民になるわけで、彼らの装備も整えなければならなくなります。そうなると、莫大なお金がかかるのです。一日で戦いが終わればまだよいですが、何日にもわたって続く場合もありますし、遠隔地ならば行軍の日数も含めて、兵隊たちを食べさせなければなりません。このように、いかに戦場の兵隊たちを食べさせるかという「兵站」の問題をクリアできるほどの財力が重要になるわけです。

そんな大変な労力を注ぎ込んでも、仕掛ける側には仕掛けるだけの理由がある。戦いには戦いをするだけの目的がある。この点をまず押さえておかなければなりません。

戦国時代においては、戦いの結果、相手が領有する土地を手に入れ、自らの領地を拡大することができました。当然、今度は敵方の領地を自分が治めなければなりませんから、勝った先で略奪をするわけにはいきません。そうなれば民心が離れ、うまく領地を統治することができなくなるでしょう。つまり、見境のない戦争状態というわけではないのです。ですから、下手なことをすると、戦いには勝ったけれども、それにかかる費用を考えると、まったく釣り合わなかったなんていうことになってしまうわけです。つまり、戦争をするには、それだけのお金と周到な準備が必要なのです。

戦国大名で名を残した人物は、どんなところを戦場に選び、兵隊をどこに配置し、どう動かして戦うかという勝負を直接的に左右する「戦術」だけに優れていたわけではありません。誰と戦うのか、どういう展望を持って戦うのか、何のために戦うのか、どうすればその戦いを終結させられるのか、このようなきちんとした「戦略」を考えられた人物だけが、まさに戦国大名として名を馳せたと言えるでしょう。逆に言えば、きちんとした戦略に支えられた目的がなければ、戦争はできないし、やってもいけないわけです。

「喧嘩」の勝敗の決め手とは何か

さて、戦国大名同士の「喧嘩」＝合戦には、何らかの目的があり、戦が起こるからには、その目的を達成するために仕掛ける側がいるということです。その際には確かな「戦略」のもとに「戦術」を考え、「兵站」の問題をクリアできるよう、周到な準備が必要になります。言い換えれば、手間暇かけて準備をするということは、それだけの目的があるということになります。

この際、合戦を仕掛けた側＝攻める側の目的こそが、その合戦の勝敗を決める指標になります。攻める側をＡ、守る側をＢとするならば、Ａの目的が達成されれば、その合戦の勝者はＡだと言えるでしょう。しかし、反対にＡの目的が達成されなければ、Ａの負けになります。つまり、Ａの目的を阻止して、達成できなくすればＢの勝ちなのです。これが合戦の勝敗を見極めるポイントだと言えるでしょう。

しかし、歴史学を専門とする研究者の間でも、合戦の勝敗について、この点を押さえていない人が実に多いのです。その実例が、上杉謙信と武田信玄がおよそ一〇年にわたって争った、川中島の戦いの勝敗に対する評価なのです。つまり、上杉謙信と武田信玄、この

「喧嘩」に勝ったのはどちらで、負けたのはどちらなのか、ということです。

特に永禄四（一五六一）年の四回目の戦いについて、上杉と武田のどちらが勝ったのかと問えば、「引き分け」だったという答えが返って来ることがしばしばです。江戸時代に成立した『甲陽軍鑑』は、武田氏の合戦の記録や戦略・戦術などがまとめられた本で、基本的には「武田びいき」な内容なのですが、その『甲陽軍鑑』ですら、午前は上杉の勝ちで、午後は武田の勝ち、なんて言い方をしています。しかし、先ほどもお話しした合戦の勝敗を分けるポイントからすれば、本当に「引き分け」でよいのでしょうか。

上杉と武田の「喧嘩」の勝者はどちらか。本章はまずこの点を見ながら、なぜそもそも上杉と武田が「喧嘩」したのかを考えていきたいと思います。

川中島の戦いの「攻め手」は上杉謙信

そもそもなぜ、川中島の戦いが起こったのかをまず押さえておきたいと思います。この合戦は、上杉と武田の間で起きた北信濃《きたしなの》の領有をめぐる戦いでした。大前提として、武田信玄は信濃国全域の制圧を目論んでいたのです。自らの父・信虎《のぶとら》を追い出し家督を継いだ時点で、信玄は甲斐《かい》国の平定をほぼ終え、更なる領地を求めて隣国である信濃国へと侵攻しました。こうしておよそ一〇年の歳月を経て、信濃国の全域をほぼ手中に収めることに成功します。

　この信玄による信濃国領有に待ったをかけたのが、越後の長尾《ながお》景虎《かげとら》、すなわち上杉謙信でした（謙信は何度も名前を変えていますが、本書では上杉謙信の呼び名で統一します。武田信玄の「信玄」も出家後の名前ですが、同様に本書では武田信玄で統一します）。

　上杉謙信は、越後の春日山《かすがやま》城から兵を出して、武田信玄が領有する北信濃へ侵攻したのです。つまり、川中島の戦いにおいて先に動いたのは上杉謙信のほうであり、攻め手は上杉謙信だったということになります。

　海に面しておらず日本アルプスなどの山岳地帯が広がるのが現在の長野県にあたる土地で、そのため信濃国は山に囲まれた四つの平野部から成り立っていました。善光寺平《ぜんこうじだいら》、松本平、佐久平《さく》（もしくは上田平）、そして伊那平《いな》（伊那谷）です。北信

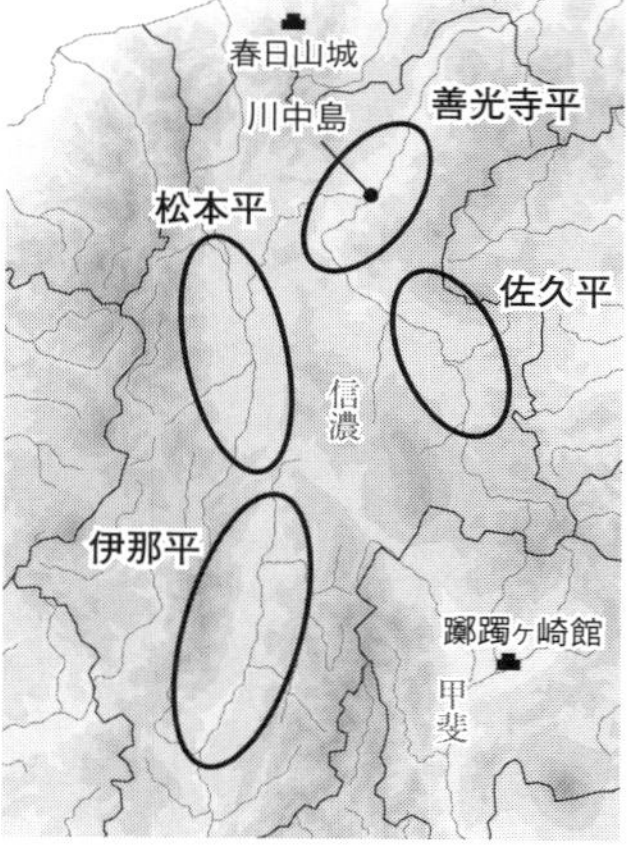

信濃の四つの平野部

濃は、このうちの善光寺平にあたる土地でした。米は山岳地帯ではとれませんから、自然と信濃国の米の生産は、四つの平野部に集中することになります。戦国時代の信濃国は、それぞれの平野部でだいたい一〇万石、合わせて四〇万石ほどになります。

北信濃の小大名である村上氏や小笠原氏は、武田信玄の侵攻・占領に対して、上杉謙信に助けを求めています。謙信は名目上、彼らを助けるということで北信濃に出兵したわけです。より広い意味で捉えるならば、そもそも武田信玄の信濃制圧が、上杉と武田の対立の発端になっているわけですが、少なくとも「川中島の戦い」に限って言えば、北信濃は武田側が統治している段階で始まっています。その北信濃を奪おうと先に手を出したのは上杉謙信ということになります。

謙信の侵攻は国防上の問題だった

上杉謙信の北信濃侵攻は、名目上は、北信濃の小大名たちを支援するためということですが、その実態はどうだったのでしょうか。上杉謙信はなぜ、武田信玄の信濃侵攻と信濃国制圧を問題視し、北信濃へと侵攻しようとしたのでしょうか。

地理的な条件を見てみると、上杉謙信の本拠である春日山城は、日本海に面した港が整備された直江津《なおえつ》にあります。後述しますが、この直江津は日本海を使った流通の面で非常に重要な拠点であり、謙信にとっても要となる場所です。ここに本拠を置き、春日山城を築いたのも、まさに直江津を守るためだったと言えます。ところが、この春日山城は、北信濃の目と鼻の先にあったのです。

上杉謙信の越後国と武田信玄の信濃国は隣り合っており、国境を接しています。武田信玄が北信濃を含めた信濃国全域を制圧してしまうと、上杉謙信からすればすぐ近くまで武田の脅威が迫っていることになるわけです。そのため、上杉謙信は、信濃全体はともかくとしても、国境に接している善光寺平の付近、つまり北信濃は何としても自分の領地として確保しておきたかったのでしょう。つまり国防上の問題です。

上杉謙信が治める越後国、つまり現在の新潟県は米どころとして知られていますが、戦国時代の段階では、実はとても貧しい土地柄でした。越後国が米どころとして急速に発展したのは、江戸時代に入ってからの技術革新の結果です。江戸時代初期には、三五万石しかとれなかった貧しい地域が、江戸時代を通じて一〇〇万石もの収穫高を誇るようになったのでした。対して北信濃に広がる善光寺平は、信濃四〇万石の四分の一、一〇万石の生産高のある土地です。北信濃を領有すれば、その分の米をそっくり手に入れることができます。

このような当時の貧しい越後国の状況を考えるならば、北信濃を領有することは、国防上の問題であるとともに、国を富ますためにも死活問題だったと言えます。

国防上の問題と言えば、それは武田信玄側にとっても同様でしょう。信濃国を手に入れたことで、武田信玄は上杉謙信の越後国と国境を接するわけですから、北信濃を領有しておくことはある種の緩衝地帯として、自分の支配下に置いておきたいと考えておかしくありません。

謙信と信玄の「喧嘩」の勝者はどっち？

それぞれの思惑があって、川中島の戦いは、この北信濃をめぐって争われることとなったわけですが、先述したように合戦の行方を考えるために押さえておかなければならないのは、合戦を仕掛けた側と仕掛けられた側、攻め手がどちらで、守り手がどちらだったか、その目的とともにきちんと理解しなければならないという点です。

繰り返すように、すでに武田信玄は北信濃を含む信濃国のほぼ全域を制圧しました。ですから、その北信濃を奪いたいと攻めてきたのは上杉謙信のほうになります。つまり、攻め手は上杉謙信、守り手は武田信玄となります。

　そのように考えると、川中島の戦いの目的自体も非常に明確になります。上杉謙信は国境と接している紛争地域である北信濃を手に入れたい。反対に武田信玄は北信濃を奪われないようにすればいい。こうしておよそ一〇年にわたって繰り広げられたのが、川中島の戦いでした。

　特に激しかった四回目の戦いを例に取ると、このとき、上杉謙信自ら一万三〇〇〇の兵を率いて、春日山城から善光寺平まで侵出しています。対する武田軍は、信濃と越後を流れる千曲《ちくま》川河畔に海津《かいづ》城を築いて、ここを防衛拠点としました。この海津城はのちに松代《まつしろ》城という名前で知られ、真田一〇万石の城下町となります。

　武田側はこの海津城を防衛の拠点として、まず上杉側の進軍を食い止め、狼煙などを用いて、直ちに武田の本拠である甲府に知らせるというかたちにしておきました。甲府・躑躅ヶ崎《つつじがさき》館にいる武田信玄が、上杉進軍の情報を受け取ると、二万と称する兵を率いて、海津城防衛のため北上し、北信濃へと向かいます。大枠で言えば、このようなかたちで両軍は、川中島で激突したということになります。

　第四回合戦の戦況としては、午前は上杉優勢で、武田側は劣勢に立たされたとされます。

事実、武田信玄の弟で全軍の副将であったとされる武田信繁《のぶしげ》や、重臣の両角虎定《もろずみとらさだ》など、武田側の名だたる武将が戦死を遂げました。反対に上杉勢は武田勢ほどの人的被害は出ていません。しかし、午後になると武田軍が勢いを盛り返し、上杉謙信は戦線を離脱して、軍勢は春日山城へと退去を余儀なくされています。

先に引いた『甲陽軍鑑』にもあるように、午前は上杉の勝ち、午後は武田の勝ちとされ、現在の歴史学の通説としては、「引き分け」と考えるのが一般的になっています。もしくは、武田側は有力武将が戦死しており、比べて上杉側にはめぼしい人物の戦死はありませんでした。人的被害からすれば、上杉の勝ちとは言えないまでも、上杉に分があったのではと言う人もいます。

しかし、ここで思い出していただきたいのが、川中島の戦いの目的です。攻める側は上杉謙信、守る側は武田信玄。先に戦いを仕掛けてきた上杉勢の目的は北信濃の領有権を得ることです。そのために謙信は自ら軍を率いて春日山城から南下してきました。そのため、上杉側が勝利するためには、どんなに敵将の首を上げようとも、北信濃を奪うことができなければ、意味がないのです。

対する武田信玄は、とにかく北信濃を奪われなければいい。北信濃を守るために、甲府から北上して進軍したのです。副将や重臣を失っても、北信濃さえ奪われなければ、武田側の勝ちなのです。

川中島の戦いの結果は、どうだったでしょうか。結局、最後まで戦場となった北信濃に残っていたのは、武田軍であり、この地を諦めて撤退したのは上杉軍だったのです。この戦いののちも、北信濃一〇万石は、武田信玄の支配下にあり続けました。上杉謙信は北信濃の領有に失敗し、春日山城に逃げ帰ったということになります。

となれば、川中島の戦いの勝敗は、引き分け、あるいは上杉に有利どころか、武田信玄の勝利だと言わざるを得ないでしょう。もちろん、多くの重臣が戦死した武田勢にとって、それは後々に大きな痛手となるわけですが、こと川中島の戦いにおける上杉謙信と武田信玄の「喧嘩」に限って言えば、北信濃を守り抜いた武田信玄に軍配が上がったのです。

戦国時代は群雄割拠する乱世の時代ですから、周囲は敵ばかりです。先述したように、「戦略が重要」という意味では、一回の「喧嘩」に勝利すればそれでいいというわけではありません。どういう理由から「喧嘩」を行うのか、その「喧嘩」をどんなふうに終わらせるのか、そしてその「喧嘩」の後、次にどんな「喧嘩」を行うのか、常に先のことを見越して、戦略を立てなければ、すぐに寝首をかかれるのが戦国時代なのです。ひとつの合戦であまりにも消耗しすぎてしまえば、次の戦いでは満足な準備ができず、敗戦してしまってそのまま滅亡ということもあり得るのです。

川中島の戦いというひとつの合戦ではなく、より大きな文脈で見たときには、武田軍にとって、有力武将の死は大きな痛手だったことは確かでしょう。しかし、あくまでも川中島における上杉謙信と武田信玄の「喧嘩」においては、武田信玄の勝利に終わったと解釈するべきだと思います。

戦国大名にとっての「本拠地」の価値

北信濃を奪いたい上杉謙信と、これを守りたい武田信玄。川中島の戦いの勝者は、その「喧嘩」の理由から見て、北信濃を守り抜いた武田信玄の勝利だった。ここまでは、上杉謙信と武田信玄の「喧嘩」に関する前段に過ぎません。このことから、議論をより深めたいのは、そもそもなぜ、武田信玄はそこまでして信濃国を制圧することにこだわったのかということです。

先ほど上杉謙信が北信濃を確保したかったのは、国防上の問題だったとも述べましたが、それは武田信玄にとっても同じです。信濃国を制圧したことで、上杉謙信の越後国と国境を接するようになり、そのためその緩衝地帯である北信濃の重要性が増したからというのは、国防上の問題から考えれば確かだと思います。

しかし、なぜそうまでして、信濃国を領有しておきたいと武田信玄は思ったのでしょうか。そもそも、なぜ一〇年もの歳月をかけてまで信濃国を制圧したのでしょうか。「人生五〇年」と呼ばれる戦国大名の限られた生涯の年数からすれば、信濃国の制圧に一〇年をかけるというのは、相当なこだわりです。実は、そこにはもっと別の理由があったのではないかと思います。

戦国時代、特に武田信玄らが登場してきた頃になると、次第に「領地を拡大する」ということを真面目に考える戦国大名たちが出てきます。それ以前は基本的に自分の本拠地である領地だけを守ることを大名たちは重視していました。武田で言えば、甲斐国を守る。今川で言えば、駿河国を守る。

本書でもこれまで述べてきたように、土地は武士にとってそこから財を得るための最も重要なものです。長年にわたって統治してきた本拠地を守ることを重視するのは当然のことと言えるでしょう。だからこそ、武田信玄の本拠地はずっと甲斐国ですし、今川義元にとっては駿河国でした。彼らは決して、自らの居城を動かしたりはしていません。それは自分の領地を守ることを一番に考えていたからです。

しかし、応仁《おうにん》の乱を経て、戦国大名たちは拡大路線を取るようになります。自分の本拠地が敵国と隣接していると、国防上のリスクもあるため、その間に緩衝地帯を持ちたいと考えた場合、隣国を自分の領地にしてしまえばいい、というわけです。当然、土地を得られればその土地が生み出す生産物によってさらに国も富むことになりますから、「領土を広げるのはおいしい」ということを戦国大名たちもわかってきたのです。そうなると当然ながら侵攻した先の土地では、たとえば土地の人間を皆殺しにして略奪するようなことはできなくなるわけです。拡大した土地を自分の領地に組み込み、きちんと運営して統治しなければならなくなります。

今川義元は、父・氏親《うじちか》の代ですでに駿河国の隣国である遠江《とおとうみ》国まで、ある程度、制圧を完了していました。さらに義元が家督を継ぐと、その支配を三河《みかわ》国にまで広げ、駿河・遠江・三河の三国を今川領としました。しかし、今川義元にとって最も大切なのはもともとの本拠地である駿河ですので、居城はあくまでも駿府で、そこからは動かしませんでした。駿河・遠江・三河の三国を均等に統治するならば、駿府は東側に寄りすぎています。それにもかかわらず、本拠地を動かさなかったとすると、やはり今川義元にとって駿河国が重要だったということがよくわかります。

武田信玄もまた、一〇年もかけて信濃国を制圧したものの、甲府から本拠地を動かすことはありませんでした。北信濃に上杉の脅威が迫っているのだとすれば、その対応を迅速に行うためにも、もっと北に本拠地を置いてもよいところです。しかし、武田信玄は甲府を本拠地とし、海津城がなんとか食い止めている間に甲府から兵を出すという選択をしています。これもあくまでも信濃へ領土拡大をしたのは、本拠地である甲斐国を守るため、と言えそうです。それほどに戦国大名にとって本拠地というものは重要だったのです。

しかし、武田信玄は、ただ単に緩衝地帯として信濃国全域を必要としたと言ってよいのでしょうか。一〇年もかけてそれを実行する必要があったのか、疑問は残ります。おそらく、武田信玄には別の意図があったのではないでしょうか。

武田信玄は海を目指した？

それでは武田信玄はなぜ、信濃国を制圧することにそこまでこだわったのでしょうか。

思い出していただきたいのは、武田信玄の本拠地である甲斐国は海に接していない内陸の土地だったという点です。だからこそ、武田信玄は何としても、海を手に入れたいと思ったのではないでしょうか。欲しかったのは、海運を使った貿易によって得られる利益です。そのためには当然、海運の重要な拠点となる港が必要になります。

信濃国の先には、上杉謙信の越後国があるわけですが、先述したように。謙信は直江津を中心とした海上交易によって莫大な利益を得ていました。それゆえ、謙信にとって直江津は最も重要な拠点だったのです。北信濃まで手に入れれば、直江津は目と鼻の先です。これに武田信玄は目につけたのではないでしょうか。

上杉謙信と武田信玄の間では、「敵に塩を送る」ということわざの語源となった「塩絶ち」の物語が有名です。これは、今川氏や北条氏による塩留めによって、内陸国だった甲斐国が塩不足に陥り、そのため、宿敵である武田信玄に塩を送り届けたとして、上杉謙信の「義の人」のイメージを印象付けた逸話です。

これは、江戸時代に創作された物語だとされていますが、一定の真実を反映しています。甲斐国も信濃国も海がないため塩が取れないわけで、結局、他国との交易で得るほかなく、自活ができないという問題があったのです。だからこそ、武田信玄は、海を目指したのではないか。そのための信濃国制圧だったのではないでしょうか。

「○○○」は金の卵を産む鶏

当時、日本の重要な港を指す言葉に、「三津七湊《さんしんしちそう》」というものがありました。三津は大坂の堺、福岡の博多、そして三重県の津（安濃津《あのつ》）、あるいは鹿児島の坊津を入れる場合もありますが、ともかく、この三つの有力な港のある土地を指します。これに対して七湊は、すべて日本海側にありました。それだけ、当時の日本海の交易がいかに盛んだったかがよくわかりますが、そのうちのひとつが、上杉謙信の越後国にあった「今町湊（直江津）」だったのです。

日本海側でつくられる焼き物を積んで、蝦夷地《えぞち》（北海道）で売買すると、今度は蝦夷地で仕入れた海産物などを積み込み、直江津へと戻るわけです。さらに越後は青苧《あおそ》という植物がつくられており、これを積荷として載せた船が京都へ行き、また交易を行います。この青苧は、木綿が一般化するまでは衣服の原材料として広く重宝されていた品でした。直江津さえ押さえれば、このような海を通じた交易権から得られる利益を手中に収めることができます。上杉謙信が亡くなったときには、上杉の蔵には莫大な金が蓄えられていたとされるほどですから、直江津はまさに金の卵を産む鶏だったのです。

地理的に見れば、現在の県庁所在地である新潟市はもっと東、県全体の中央に位置します。それに比べると直江津は西に寄りすぎており、越後国全体を治めるにはやや不便な場所とも言えます。しかし、そうまでしても自分の本拠として春日山城を置いたということは、やはり直江津を必ず押さえなければならないということだったのだと思います。春日山城は、上杉謙信の居城にして、直江津を守るための城だったのです。

ですから武田信玄が北信濃にまでその領域を拡大し、海津城を築いて、信頼を置く春日《かすが》虎綱《とらつな》をそこに置いたのも、一〇万石の同地で兵を養い、ここを拠点にして、隙あらば春日山城を攻め、直江津を手に入れて、海へ出ようとしたのではないかと思うのです。ですので、武田信玄がどうしても手に入れたかった「〇〇〇」とは、「直江津」のことなのです。

上杉謙信も直江津の重要性をよく理解しているため、繰り返し北信濃へと侵攻し、緩衝地帯として上杉領に組み込むべく、およそ一〇年にわたって川中島の戦いを繰り返したのです。

謙信の最大のライバルは信玄ではない

しかし、そもそもで言うと、上杉謙信の一番の敵は誰かと考えた場合、実は武田信玄ではなかったと思います。前章で関東管領《かんれい》や鎌倉公方《くぼう》について述べましたが、上杉謙信こと長尾景虎は、上杉氏の養子となり、家督を継ぐとそのまま関東管領に就任します。越後から関東へとやってきて、関東地方の平定のために後北条氏（以後、北条氏）と戦うのです。その意味では、関東管領としての上杉謙信の最大のライバルは、実は武田ではなく北条なのです。ですから一生懸命、上杉謙信は軍を率いて三国峠を越え、関東地方へとやってきたのです。

言ってみれば、上杉謙信は武田と北条の両者と同時に戦う、二正面作戦を行っているようなものです。しかし、なぜそのような無理をしたのでしょうか。

上杉謙信という人は、当初は官職や肩書に対して、ある種の信頼感を持っていた人なのではないかと私は考えています。当たり前のようですが、将軍という肩書があれば将軍として振る舞えるということを、謙信は重視していたのではないでしょうか。上杉謙信の場合、関東管領に就任するわけですから、関東管領としての権限を行使することができるわけです。

事実、上杉謙信が関東へやってきたとき、北関東の武士たちを中心に兵を募ることができました。第四回の川中島の戦いの前年に上杉謙信が関東へとやってきた際には、関東の武将たちが集まって、一〇万もの大軍になったと言われています。この大軍をもって、北条氏の小田原城を取り囲んだわけです。しかし、関東の武将たちも完全に関東管領に恭順していたわけではありませんから、小田原城を落とすことはできませんでした。結局、上杉謙信は鎌倉の鶴岡八幡宮で、山内上杉氏を継ぎ関東管領に就任する儀式を行い、越後へと戻っていくわけです。

実際のところ、上杉謙信はどう思っていたのかはわかりませんが、関東管領の肩書を得たところで、関東に領土を得ることはできないのです。関東の武将たちが関東管領と主従関係を結び、本質的に上杉謙信の支配下に入るというわけではないのです。言ってみれば、関東管領というのはあくまでも関東の武将たちの兄貴分であって、親分ではないということです。

いや、それよりも重要なのは、「肩書」の価値が低下していたことです。世は下剋上の戦国時代で「肩書」を本当にありがたがる武将はいませんでした。

関東に行き、関東管領としていくら頑張っても自分の領地は増えない。確かに将軍を立てて頭を下げるなど「肩書」を重視してきた上杉謙信ですが、さすがに「肩書」だけではダメだと気づいたのではないかと思います。

実態を見ない日本史研究の問題

肩書を重視する傾向は、現在の日本史研究者の現状によく当てはまります。やれ「将軍」だ、「管領」だと、肩書・地位を重視し、その実態を見ようとしない研究者が多いのです。

ひどい例だと、室町幕府の最後の将軍である足利義昭が京都から追放されたことで、室町幕府は滅亡したとされるわけですが、その後も幕府は続いたという説を述べる人がいます。すでに幕府の力はなく、足利義昭が将軍であろうとなかろうとどうでもいいような状態になっており、朝廷は将軍の位を剝奪《はくだつ》しないままだったのです。実態を伴わないので本当にどうでもいいのですが、一応、朝廷の職員名簿には将軍として足利義昭の名前がそのまま残っています。そうなると、足利義昭は将軍のまま、京都を出て毛利氏の庇護《ひご》を受け、鞆《とも》の浦に身を寄せることとなります。将軍がいるところに幕府ができるわけですから、このとき、「鞆の浦幕府」というものができたのだ、という理屈なのです。

しかし、足利義昭には「将軍」という肩書があるだけで、何の実態もありません。彼が方々に手紙を書いて何かの指示を出したとしても、それに従う武士はもはやいません。結局、「鞆の浦幕府」など、何の実態もないというのが本当のところだろうと思います。

さて、上杉謙信が当初、そこまで肩書を大切にしていたというのは、少なくとも越後国の支配の助けにはなると考えていたからかもしれません。

謙信は本来、越後国の守護代である長尾家の人間です。あくまでもそれは江戸時代で言えば城代家老、お殿様ではないけれども、「実質的な」お殿様です。それだけだと、越後国内の武士たちを従えるには弱いとすれば、越後国の守護の上杉家を継げば、他の武士たちも自分に従ってくれるのではないかと考えたのかもしれません。関東管領の職にある上杉家を継いだわけですから、結果として関東管領も継ぐことになり、関東への出兵というおまけがついてきたということだったのかもしれません。

三国同盟の破棄から駿河国侵攻へ

将軍という肩書ですら形骸化し、関東管領も、もはや意味がない。上杉謙信がそのことについて身をもって知ったのが、まさに戦国時代だったのですが、上杉と武田の「喧嘩」のその後の展開を見ていきましょう。

ここで注目したいのは、第四回の川中島の戦いの前年の永禄三（一五六〇）年に、桶狭間の戦いがあり、織田信長によって今川義元が討たれるという大事件が起きたことです。

今川義元の死後、息子の今川氏真《うじざね》が跡を継ぎますが、結局、今川の領国は崩れていき、それを見た武田信玄は、相模《さがみ》国の北条、駿河国の今川との間で結んだ「甲相駿三国同盟」を反故にしたのです。

この「甲相駿三国同盟」は、それぞれの国の領土拡張の思惑が重なった結果、生まれたものです。今日でいう和平協定のようなものであり、いずれも隣接する国同士である武田、北条、今川の三国は互いに攻め合うのはやめようという取り決めをしたのです。

これにより、隣接する武田や北条に後ろから襲われる心配がなくなった今川は、西へと領土を拡張していきます。隣国の遠江、続いて三河を占領し、やがて織田信長の尾張《おわり》へと至ったところで、桶狭間の戦いに突入し敗北したのです。今川義元が拡大路線を進むことができたのも、この三国同盟があったからにほかなりません。

北条も西からの攻めがなくなったことで関東の平定を目論むことができました。また、武田も後ろからの攻撃がないことを前提として、信濃国、そして上杉の越後国へと迫ることができたのです。もちろん、戦国の世における同盟ですから、いつ破られるとも限りません。実際に同盟の一角である今川が弱体したと見てとると、武田信玄は同盟を反故にして、駿河国へと侵攻しました。越後国の上杉を滅ぼし、直江津を手に入れることが困難だと悟った武田信玄は、その矛先を駿河国へと向けたのです。

念願の港を手に入れた信玄

駿河国は現在の静岡県東部、静岡市のあたりを指しますが、石高としてはわずか一五万石程度しかありませんでした。無理矢理に同盟を破ってまで奪いにいく価値のある土地とは思えません。しかし、武田信玄は三国同盟の維持を主張する嫡男・武田義信《よしのぶ》を死に追いやってまで、駿河国を手に入れようとするのです。そこまでして、武田信玄は何を得ようとしたのか。それは、やはり海に出ること、つまり交易の要所となる港が欲しかったのだと思うのです。

それをよく物語っているのが、駿河国を手に入れたのち、統治の拠点とする場所選びでした。普通ならば今川家がずっと育んできた駿府を選ぶのが定石です。のちに晩年の徳川家康が過ごしたのも駿府でしたから悪くないというか、普通ならばそうすべきでしょう。しかし、武田信玄は駿府に入らず、もっと海に近い江《え》尻《じり》に拠点を構え、武田水軍なども創設しています。よほど、港が欲しかったのだということがわかります。

念願の港を手に入れたわけですから、もはや越後国の直江津にこだわる必要がありません。その後、第五回目の川中島の戦いが行われますが、これを最後に対上杉との合戦は終了します。上杉が攻め込んで来なければ、もう戦う必要はない、という段階にまで達したわけです。

このように考えると、やはり武田信玄はどうしても海へと出たかった。何が何でも港が欲しかったのでしょう。駿河国が手に入れば、越後国の直江津にはもう用はないというわけです。

一方の上杉謙信も、武田と戦う理由がなくなったので、自分の領地を拡大する方向へと舵《かじ》を切ります。関東管領として関東を平らげようにも、肩書には意味がなく、北条氏康《うじやす》率いる北条氏も強力です。もっと効率的に領地を奪うならば関東ではなく北陸での拡大路線のほうがよいと切り替えたことで、上杉謙信の主戦場は関東ではなく北陸へと移っていきました。こうして越中などへ侵攻していきます。ですから、晩年の上杉謙信はまさに「侵略マシン」なのです。「義の人」などと言われますが、嘘かもしれない。

このように考えると、上杉謙信と武田信玄の「喧嘩」とは、海上の交易ルートの拠点となる港をめぐる「喧嘩」だったことがよくわかるのではないでしょうか。

信玄と織田信長の大きな違いとは

ですから、武田信玄にしてみれば、どうしても海が欲しい。そのため、駿河への侵攻ができないのであれば、上杉謙信と和睦するという道はなかったのでしょう。ただいくつか段階はあり、信濃国への侵攻というのは、そもそも武田信玄の時代ではなく、父親の武田信虎の代から始まっています。

しかし、武田信虎はまだ領地拡大をしてきちんと統治する旨《うま》みを知らなかったのか、信濃侵攻においてはかなりひどい虐殺を行っているのです。しかし、そうした皆殺しを行うと、のちに領地拡大しようとしても、民心が離れていることから、うまく統治ができません。武田信玄の代では、それを切り替えて、きちんとした統治を行うようになったのだろうと思います。

ただ、武田信玄はまだまだ「国」という単位に意識を奪われていました。ただ単に直江津を手に入れたいのならば、信濃国全域をわざわざ支配下に置く必要はなかったのかもしれないのです。また自分の本拠地である甲斐国にこだわり続けたこととも、それは関係しているでしょう。

結局、そこから抜け出すことができたのが、天才・織田信長だったのです。信長は

「国」単位で考えるよりも、もっと合理的に「道」を押さえればいいと考えました。たとえば、伊勢国への侵攻についても、街道の要所である北伊勢だけを支配下に置き、南伊勢にはそこまで侵攻していません。また、領地拡大に応じて、本拠地を自由に動かしたのも信長でした。清洲（清須）から小牧山、岐阜、安土とその時々の思惑に応じて、信長が自分の本拠地を次々に移動させたのも、「国」という単位にこだわりをそこまで持っていなかったからでしょう。織田信長の天才たる所以が窺《うかが》えます。

次章ではこの天才・織田信長が明智光秀に討たれた本能寺の変を中心に、信長と光秀の「喧嘩」を見ていきたいと思います。

第七章 織田信長VS明智光秀

――能力主義と抜擢人事の落とし穴

怨恨説、黒幕説、共謀説、非道阻止説……

天正十（一五八二）年、京都の本能寺で、明智光秀が主君・織田信長を討った本能寺の変。近年では北野武監督がこの織田信長と明智光秀の「喧嘩」をテーマに『首』という映画作品を発表し、話題を呼んでいます。その『首』でも扱われているのが、本能寺の変の「謎」、つまり、なぜ明智光秀がいきなり織田信長を裏切ったのか、黒幕がいるとすれば、いったい誰なのか、ということです。

本能寺の変の「動機」については、これまでさまざまなことが言われてきました。怨恨説、黒幕説、共謀説、非道阻止説と、いずれも推論の域を出ません。また、歴史学の学説として、かろうじて成り立つものは、後述する四国説だけと言っても過言ではありません。

たとえば、信長が光秀を叱責し、人々の面前で辱《はずかし》めたり、殴る蹴るなどしたりしたというのは、後世の軍記物で語られたことばかりです。史料としての価値はほとんどありませんし、またそれを証明する同時代の史料も残っていません。そのため、光秀が信長を恨《うら》んだという確かな根拠がないため、怨恨説は当然成り立たなくなります。

黒幕説や共謀説についても、たとえば徳川家康と内通して事に及んだとか、室町幕府最後の将軍で京都を追放されていた足利義昭が暗躍していたというような説もまた、確かな史料がないため推論の域を出ません。本能寺の変で結果的に一番の益を得たのが豊臣（羽柴）秀吉であったことから、秀吉が黒幕だったという説もありますが、結果だけを見て歴史を判断するのはまさに本末転倒でしょう。

将軍・足利義昭の追放、朝廷や天皇を蔑《ないがし》ろにし、暴虐のかぎりを尽くす信長を戒《いまし》め、阻止するために光秀が止むに止まれぬ正義感から起こしたとする非道阻止説・義憤説は、足利義昭黒幕説、朝廷黒幕説とも重なる複合的な動機が窺《うかが》えます。しかし、それは信長を討った後の光秀の行動からすると、考えにくい説です。

もし、主君殺しを正当化し、自らの大義名分を明らかにし、将軍にしろ、朝廷にしろ、黒幕がいるならば、その存在について言及したはずです。つまり、「私は公方《くぼう》様（将軍のこと）の命令で、信長を退治しました」「朝廷の命を受けて信長を倒しました」と宣言し、信長に謀反を起こしたのは、決して私利私欲ではないことを証明したはずです。そして、他の武将を味方に引き入れたはずです。

ところが、光秀が本能寺の変の後、そうした行動を起こした形跡が一切、見当たらないのです。天下布武を推し進め、あと一歩のところまで来ていた主君・信長を討つことが、私利私欲ではないとする人物が黒幕となると、それは天皇か将軍になるでしょう。自分よりも位の高い存在から指示を受けたならば、必ず後でそれを明らかにするはずですが、光秀はそのようなかたちで自分の行動を正当化することはありませんでした。

本能寺の変の後、光秀は各戦国武将に宛てた書状で自分に味方するよう説得していますが、それに応じた武将はほとんどいませんでした。そのことから見ても、端的にこの謀反は、光秀単独の私利私欲のものだったとみなされたのだろうと思われます。このように考えると、多くの黒幕説は推論でしかないと言わざるを得ません。

学説として成り立つ説はひとつのみ

数ある仮説のなかで、ぎりぎり歴史の学説として成立しそうだと言えるのは、長宗我部《ちょうそかべ》元親《もとちか》が関与したとされる四国征伐阻止説のみです。この説は、美濃《みの》の武将、石谷《いしがい》光政《みつまさ》・頼《より》辰《とき》父子の書状などからなる「石谷家文書」を根拠としています。

そもそも明智光秀は、四国の覇者である長宗我部元親と織田家との交渉役である中次《もうしつぎ》を務めていました。四国征伐の前には、すでに、長宗我部元親は織田方への臣従を申し出ていたのです。元親の跡取り息子であり、非常に秀でていたと言われる長宗我部信親《のぶちか》の、名前の「信」の字は、織田信長の「信」の字をもらっています。それくらい、織田と長宗我部との間で交渉は進んでいました。

四国の地では、長宗我部が自力で領土を拡大した場合、その領地は長宗我部のものとする。これを「切り取り次第」と言いますが、当初、信長は元親に領地の「切り取り次第」を認めていたのです。しかし、その約束を突然、反故にして、信長は態度を一変させます。元親には土佐一国と阿波の一部しか、領地として認めないという判断を下したのです。

当然、元親としてはそんな条件は認められません。結果、織田と長宗我部の交渉は決裂し、敵対することとなります。こうして、信長は三男・織田信孝《のぶたか》を総大将にし、丹羽長秀を軍奉行《いくさぶぎょう》として四国へ討伐軍を送ることを決断します。これがいわゆる四国征伐なのですが、一生懸命、交渉役を務めていた明智光秀は、その面目を潰されたかたちとなりました。

信孝が四国征伐軍を堺に集結させ、部隊編成を整えて、いざ四国へ向けて出兵するというタイミングを見計らって起こったのが、本能寺の変です。明智光秀は四国征伐を防ぐために、兵を挙げ、謀反を起こしたというのが四国征伐阻止説の骨子となります。このあたりの経緯が、同時代の史料である「石谷家文書」から窺えるということで、辛うじて歴史学の学説として成り立つだろうというくらいで、それ以外の説は皆、学術的には推論の域を出ない、ということになります。

信長は「親衛隊隊長」に討たれた

さて、信長は本能寺滞在時、わずかな兵しか連れておらず、天下統一を前にして、油断していたのではないか、という意見もしばしばあります。その隙をついて、光秀が信長を討ったというのですが、果たして、信長は本当に油断していたと言えるのでしょうか。

本能寺の変前後の織田家の家臣たちの配置を見ると、第一の家老と言われた柴田勝家は北陸方面に、滝川一益は関東方面、羽柴秀吉は中国方面、そして丹羽長秀は信孝とともに四国方面に、というかたちで各地に有力な重臣たちを派遣していました。光秀は四国の長宗我部元親の申次でしたが、四国政策の方針転換が打ち出されたため、四国には派遣されていません。

それでは当時、光秀はどのようなポジションにあったのか。全国の各方面には、すでに勝家や秀吉といった有力武将たちが派遣されており、光秀の活躍の場所はないように思われます。しかし、信長は家臣を遊ばせておくほど甘い主君ではありません。こいつは使えると思ったら、必ずさまざまな仕事を与えていました。このときの光秀のことを、日本史学者の高柳光壽先生は「近畿管領《かんれい》」、谷口克広先生は「畿内方面軍司令官」と呼んでいますが、おそらく光秀は京都を中心とする近畿地方の治安を守る役目を担っていたのではないかと考えられます。近畿地方を守るということは、それは言い換えれば信長の近くに仕えて、信長自身を守る親衛隊にほかなりません。

本能寺の変は、わずかな家来しか連れていなかった信長の油断が招いたものだと言われますが、光秀が信長の親衛隊隊長だったらどうでしょう。信長はわずかな家来しか連れていなかったのではなく、自分を守る重要な役職に光秀を抜擢していた。それほどに光秀を信頼していたということになると思います。

しかし、その親衛隊に裏切られたら……。親衛隊の謀反に備えるなら、親衛隊のさらに親衛隊、「親」親衛隊を置かねばなりません。さらにそれに背かれないように「親」「親」親衛隊を置く……となるともはや切りがないでしょう。

ですから、それは信長の油断では決してないわけです。自分を守るはずの親衛隊の隊長に裏切られたら、もはやどうしようもないのですから。

光秀はなぜ信長の親衛隊に抜擢されたのか

織田家臣団は基本的に能力重視。信長は「こいつは才能がある」「使える」と判断したら、適材適所で役割を与え、うまく人材を使いました。なかでも光秀は能力的にも抜群でした。

光秀が信長の家臣となったのは、上洛作戦が進行していた頃です。上洛した京都の治安を守るために、信長が抜擢したのが、丹羽長秀、中川重政、羽柴秀吉、そして明智光秀でした。このうち、中川重政以外は、のちに織田家の五本の指に入るトップの武将になっています。つまり、最初から信長は光秀のことを買っていたわけです。

また光秀の領地の拠点は、ひとつは近江国の坂本城、ひとつは丹波《たんば》攻略のために建てた亀山城、つまりそれぞれ京都の東側と西側の出口です。京都の東西を押さえているわけですから、言い換えれば京都の町は、光秀に任せるというかたちになっています。

信長の抜擢人事のすごいところは、特に能力があるとみなした人間には、かなり過酷な仕事を与えていることです。北陸方面軍を指揮する柴田勝家は、上杉氏と戦うわけですが、前田利家と佐々成政と不破《ふわ》光治《みつはる》らを部下として派遣し、手厚いサポートをしました。しかし、羽柴秀吉の播磨《はりま》攻略にしろ、明智光秀の丹波攻略にしろ、いずれもほぼ独力で遂行するよう、命令しています。秀吉も光秀も、信長の期待に見事に応えましたが、よく独力で播磨・丹波を平定できたなあと改めて思います。

　また、当時の戦国武将にあって、光秀は生涯、側室を持たずに、正妻ひとりを愛し続けた男性と言われています。優秀な上に品行方正だったことが窺えます。

　光秀は、その優秀さゆえに信長に期待され、それに従順に応えようとかなり無理な任務もこなしてしまった。それができてしまった。そんな光秀に、信長はさらに困難な課題を与える。そうこうしているうちに、光秀は織田家臣団での激務に耐えかね、疲れ果ててしまったのではないか。私は半ばジョークで、信長と光秀の「喧嘩」である本能寺の変が引き起こされた原因として、「ブラック企業説」を唱えています。もちろんこんなものは、学説にはなりませんが。

　転職してきた「織田家」という会社は、ワンマン社長の信長が経営するブラック企業だった。社員である家臣団は連日深夜まで、週末返上で休みなく働かされている。身を粉にして働かなければ、ライバルに先を越されて、自分の立場が危うくなる。疲れ切った社員の光秀は「何で俺ばっかり……」と不満が溜まり、とうとう耐えかねて、衝動的に社長の信長を殺してしまった……。この説にのっとるならば、本能寺の変に黒幕は存在しないことになります。

才能一本で評価する信長の異常さ

どこの馬の骨でも使える人間は使う。才能のある者をどんどんと抜擢していく信長は、その点でも、当時の他の戦国大名とはかなり異なっていました。

前章でも述べたように、普通の戦国大名は、自分の本拠地は動かさず、領地を拡大したとしてもあくまでもそれは本拠地を守るための戦いでした。しかし、信長はそれを線的に考え、領地拡大とともに次々と本拠地を動かしていきます。それは彼の雇用人事観にもよく表れています。

たとえば、越前の朝倉氏は、応仁《おうにん》の乱に乗じて越前を奪い、戦国大名となった、まさに下剋上の草分けのような存在です。その後、一乗谷《いちじょうだに》で五代一〇〇年にわたる栄華を誇りました。その朝倉の初代・孝景《たかかげ》（朝倉敏景《としかげ》とも言います。朝倉家には孝景が二人いるので、以降は敏景とします）は、「朝倉敏景十七箇条」と呼ばれる家訓のようなものを残しています。

例を挙げると、「重い立場の人間でも、その息子の代までそのまま重い立場に就くことができるとは思うな」「戦の際には占いなどで作戦を決めるようなことはするな」というように、敏景の合理的な精神が窺えます。さすがに主君を追い落として、自分の実力だけで越前国を奪っただけのことはあります。

そんな合理的思考の持ち主の敏景でしたが、「十七箇条」のなかには「内政については他国の者はなるべく用いるな」という教えも含まれていました。現代の私たちからすれば、「国」とは日本全体を指し、「自分たちは日本人だ」という意識を持っているかと思います。しかし、戦国時代には、「俺たちは越前人だ」「俺たちは越後人だ」というようなまとまりで、人々は生きていたのです。

だからこそ、敏景は「越前国の政治は、越前の人間で行うべきだ」「どんなに才能がある者でも、他国の人間は信用できない」という発想の上に立って、右のようなことを述べたのです。いかに自分の本拠地となる「国」が、戦国大名にとって重要だったかがよくわかります。

あくまでも、自分の国の人間が仲間であり、他の国の人間はそうではない。国の重要な決定をしなければならない内政においては、他国の人は、どんなに優秀な人間であっても用いることはしない。このような方針は、他の戦国大名の人材登用を見ても、かなりスタンダードだったと言えます。

こうした戦国大名のあり方からすると、織田信長の抜擢人事は、ほとんど異常とも言えます。政治は同国人だけで行うという原則にはとらわれず、才能があるとみなした者は、どんどん抜擢していく。これが織田家臣団の特徴でした。農民身分の羽柴秀吉を抜擢し、ほとんど経歴のわからない滝川一益を起用するなど、そうした登用を平気でやっています。そもそも、明智光秀にしても、織田家で登用されるまで、いったい何をやっていたのかよくわからない人物です。

比叡山焼き討ちで目覚ましい功績を上げたからか、光秀は坂本城を与えられ、城主になります。このように城持ち大名として城を与えられたのは、織田家では光秀が初めてです。歴代の家来を差し置いて、中途採用の光秀に坂本城を与える。信長は、人間を才能一本で見ていたということでしょう。

裏切られることの連続だった信長の人生

しかし、このような抜擢人事には、どうしても波風が立ってしまうものです。才能一本で評価するということは、言い換えるならば、出世するためには、いかに手柄を立てるかが勝負になってくるわけで、そこには絶えず競争があり、それを励みにする者もいれば、そのために妬《ねた》みを抱く者だって出てきます。

越前なら越前、尾張《おわり》なら尾張と、国内の地縁・血縁・世襲でまとまるならば、ずば抜けた人材はいなくとも、こうした能力に基づく競争などはなく、まとまりのある家臣団として安定していたでしょう。しかし、織田家臣団のように、前歴は不明だけれど、才能ある人間を抜擢するならば、当然、競争は激化し、その過程で抜擢人事に不満を抱く者も出てくることになります。その結果、信長は家臣や同盟者に裏切られることが多かったのです。

妹のお市の方を嫁がせてまで同盟を組んだ浅井長政には裏切られ、「主君殺し」の風評を持つ松永久秀には、その風評には目をつぶり雇い入れたにもかかわらず、二度も裏切られました。摂津《せつつ》の国持ち大名に抜擢した荒木村重《むらしげ》にも、信長は裏切られています。荒木もまたどこの馬の骨かわからないような人物ですが、自分が任命されると思っていた対中国地方、対毛利方面軍司令官に秀吉が任ぜられたことを不服に裏切ったのだと思います。なんとも、いかにもな理由です。

挙げ句の果て、京都を中心とした近畿地方の統治を一任した、自らの親衛隊隊長である明智光秀にまで裏切られてしまい、信長は本能寺の変で討たれてしまうのでした。

このような点を踏まえると、光秀の裏切りは、さして驚くようなことではないということになるでしょう。繰り返しますが、信長の人生は裏切られることの連続だったのです。行きすぎた能力主義は、家中の対立を生み、ちょっとしたもめ事が大きな事件へ発展してしまうのでしょう。その延長で、とうとう最後に光秀が本能寺の変を起こした、ということなのです。

見込みは別に甘くなかった光秀の謀反

半ばジョークで、ブラック企業に耐えかねた光秀が突発的に謀反を起こしたと先に述べましたが、真面目に言うと、光秀の見込みは決して甘くはありませんでした。本能寺の変が起きたとき、北陸方面では柴田勝家が上杉氏と、関東方面では滝川一益が北条氏と、中国方面では羽柴秀吉が毛利氏とそれぞれ交戦中でした。さらに丹羽長秀は信孝とともにこれから四国に向かい、長宗我部氏と戦う準備に入っています。

いずれも近畿地方から遠ざかっており、すぐには兵を京に向けることはできないと、光秀は踏んだのでしょう。たしかに、信長が亡くなると、各方面軍はその対応に追われることになりました。たとえば、滝川一益は信長の死後、北条氏の総攻撃を受けて、命からがら、自分の本拠地である伊勢長島へと逃げ帰ってきています。謀反を起こした光秀を討つために兵を挙げている場合ではなくなったのです。

まだ信長の頃は、日本はひとつの安定した秩序としてまとまりを得ていませんでした。まとまるのは、秀吉による天下統一がなされる、もう少し後の話になります。実際に信長というひとりのカリスマが倒れ、織田家の威光に翳《かげ》りが見えると、世の秩序は一転、アナーキーな状態になってしまいます。

ですから、光秀は日本列島の政治と経済の中心である近畿地方さえ押さえておけば、他の織田家の武将たちとも、互角以上に渡り合えると考えたかもしれません。またこういう状況ならば、まず冷静に状況を観察しようというのが、賢明な判断です。実際に柴田勝家は動かずに、情報を集めて現状を分析することに努めています。それが当時の戦国大名の常識的な判断なのですが、秀吉だけが違う行動に出たのです。いわゆる中国大返しによって、極めて短時間で近畿へと兵を戻したのでした。

光秀の誤算は、ひとつはこの秀吉の早すぎる行動、もうひとつは盟友である細川藤孝《ふじたか》と忠興《ただおき》の父子が、自分に味方しなかったことでした。細川氏自体は当時では六万石くらいの戦国大名ですから、兵の数としてはさほど多くはありません。ただ、光秀の娘である玉《たま》

（細川ガラシャ）を嫁がせ、親密な間柄であった細川氏ですら、光秀につかなかったことが、他の戦国大名たちにも影響を与えたことでしょう。このため、光秀につく大名は、思いのほか少なく、結果、山崎の戦いで秀吉らの軍勢に敗れ、敗走中に命を落とすのでした。

光秀の裏切りは明智家存続のためだった!?

光秀は、細川藤孝を味方に引き入れるべく書状を送っていますが、そこには信長を討ったのは決して私利私欲のためでなく、藤孝の息子の忠興や、自分の息子の十五郎（光慶《みつよし》）のためであり、その地盤をつくったら家督を譲って隠居するという内容が書かれていました。相手を説得するためならどうとでも言うだろう、まあ信じるに足りないな、と思っていたのですが、近年、もしかしたらこれは口からの出まかせではない可能性も出てきたのです。

歴史学の学説として、かろうじて科学的に認められるのは「石谷家文書」という確かな史料がある四国征伐阻止説のみ、と先に述べましたが、これと同じように同時代の史料として、本能寺の変をリアルタイムに報じ、解説を付した宣教師のレポートが、キリスト教会から見つかったのです。

私は直接、イタリア語やスペイン語で読むことができないので、その内容を詳しくここで述べることができないのですが、現在、日本近世史・外交史を専門とする慶應義塾大学の浅見雅一先生が、その翻訳と分析・解釈に取り組んでおられます。

仄聞《そくぶん》するところによれば、その内容は、光秀の嫡子・十五郎がキリスト教の洗礼を受けようとしていたのですが、信長によって討たれそうになり、光秀は十五郎を守るべく先手を打ち、信長を討ったのだ、というもの。

なぜ信長が光秀の息子を殺そうとしたのかと言えば、裏切りの例ではないですが、これも先例があることなのです。たとえば、同盟相手である徳川家康の嫡男・信康を、武田氏と内通していた嫌疑で殺させたという説もあります。そこには、光秀が藤孝に宛てた手紙にあるように、次の世代のことを考えてのことだったのかもしれません。息子の代のことを考えると、その脅威になる次の世代の有力者は早めに芽を摘んでおこうとしていたのではないか、ということです。

そのように考えると、柴田勝家には養子はいましたが実子はいません。羽柴秀吉も晩年になるまで実子はできませんでしたから当然いない。滝川一益にも息子はいない。そうなると、光秀の嫡男さえ排除できれば、織田家の独裁が可能となるということです。

家臣に厳しい織田信長も割と子供には甘かったのではないでしょうか。長男の信忠は織田家の家督を継がせて跡取りに、次男・信雄には伊勢を、三男・信孝には四国をというふうに、大した手柄を立てていなくても、それぞれ息子たちにはしっかりと領地を配分しています。ともあれ、同時代の史料である宣教師のレポートに、どんな新発見があるのか、今後の研究成果が楽しみです。

信長は裏切られる運命にあった

さて、信長と光秀の「喧嘩」は、織田家臣団の特徴からすれば、起こるべくして起きた出来事だったのですが、別の結末はあったのか。果たして、信長と光秀が「喧嘩」しない道はあったのでしょうか。

たとえば、秀吉の代わりに光秀を中国方面の司令官にして毛利氏と戦わせ、秀吉を京都に置いて、自分の親衛隊としたらどうでしょう。その千載一遇のチャンスに、今度は秀吉が裏切ったかもしれません。その場合、信長と光秀の「喧嘩」はないかもしれませんが、いずれにしろ、信長は裏切られ、殺される運命にあったのです。

信長は戦国大名には稀に見る、才能重視の抜擢人事を行ったからこそ、尾張から出発して、あれだけの大きな領土を手早く手に入れることができたのです。その結果、家臣たちから度々、裏切られることになるわけですが、仮に信長が代々の地元の家臣だけで固めていたとしたら、結局、尾張一国を治める普通の戦国大名で生涯を終えたことでしょう。

ですから、たとえ光秀に殺されなかったとしても、信長はどこかで殺される運命だったと言うほかありません。「喧嘩」を回避する道はあったかもしれませんが、信長が裏切られて討たれるという「結果」は変わらなかったでしょう。

第八章 徳川家康VS豊臣秀頼

——関ヶ原の「喧嘩相手」は三成にあらず

秀吉に学んだ家康の天下取り

前章でも述べたように、本能寺の変ののち、織田信長というひとりのカリスマが亡くなったことで、たちまち世の中はアナーキーな状態となってしまいました。

徳川家康がその生涯のなかで最も命を危うくしたと言われるのが、まさに本能寺の変直後に断行した伊賀越えです。わずか数十名の家臣を連れ、明智勢の包囲をかいくぐり、落武者狩りに遭う危険を冒して、辛くも本領へと辿り着きました。途中から家康と別れて、別ルートを進んだ穴山梅雪《あなやまばいせつ》が、落武者狩りに遭い、討ち取られていることを考えると、非常に世情は乱れていたと考えられます。

また、信長を討った明智光秀もまた、敗走中に落武者狩りに遭って、命を落としたとされていますから、やはり信長ひとりが亡くなっただけで無秩序になってしまうほど、信長の天下はまだ統治システムとしては未熟で、しっかりと社会に根づいていなかったと考えられるでしょう。

これに対し、その後の天下人・豊臣秀吉の場合はどうでしょうか。秀吉の死後、同じようにアナーキーな状態になったかというと、そうではありません。世の秩序が乱れ、再び、農民が落武者狩りを行い、有力者を勝手に殺すなんてことは起きませんでした。それだけ、豊臣政権の段階では、太閤検地や刀狩といった全国的な施策を通じて、世の中を治める統治システムが確立されていたと言えるでしょう。

　秀吉は、光秀を討ったのち、賤ヶ岳の戦いで、織田家の第一の家老である柴田勝家に勝利しました。滝川一益を屈服させ、丹羽長秀を懐柔するなど、ライバルを次々に潰して、いつの間にか織田政権の天下を自らのものにします。秀吉は、自らの天下を手に入れるために相手に「喧嘩」をふっかけて火種をつくり、それをさらに煽《あお》ることで大きな戦いへと持ち込みました。アナーキーな状態から頭ひとつふたつと抜け出すという戦略で、天下人へと上り詰めたのです。このような秀吉のやり口をよく学び、活かしたのが、まさに関ヶ原の戦いの頃の徳川家康であったのです。

不満の矛先は「第一の郎等」へ向かう

　まずは関ヶ原の戦いへと至る経緯を考えてみると、豊臣政権は、秀吉の息子でまだ幼い秀頼の補佐役を務める五大老（徳川家康・毛利輝元・前田利家・宇喜多秀家・上杉景勝）、そして、五奉行（浅野長政・石田三成・増田長盛・長束《なつか》正家《まさいえ》・前田玄以《げんい》）で構成されていました。家康は、秀吉が亡くなった時点で、すでに天下人になることを目指し、明確な動きを見せています。五大老という立場を使いながら、秀吉が禁じていた有力な諸大名との縁組によって婚姻関係を結び、徳川の派閥を拡大させ、秀吉の子飼いの家臣たちの切り崩しにかかったのです。

　こうした家康の動きに対して腹に据えかねたのが、同じ五大老の前田利家でした。利家は、生前の秀吉から、秀頼のお守り役を命ぜられており、秀頼とその母・淀殿がいる大坂城に入っています。

　これに対して、家康は秀吉の終《つい》の住処《すみか》であった伏見城に本拠を置きました。大坂城の利家、伏見城の家康、両者互いに牽制し合ったのです。もはや野望を隠さなくなった家康を、利家がなんとか抑えていたというような構図ですが、朝鮮出兵の失敗など、晩年の秀吉による失政も相まってか、豊臣恩顧の大名たちの心は、すでに豊臣家から離れていました。少なからぬ大名が家康側につきましたが、利家側にも五大老・五奉行メンバーを含むそれなりの大名が馳せ参じています。この面々を見ると、ほとんど関ヶ原の戦いにおける東軍と西軍です。

　豊臣政権内の対立において、やはり大きな存在だったのが、前田利家でした。なぜなら、彼が亡くなると、すぐに加藤清正や福島正則、黒田長政ら七将による石田三成襲撃事件が勃発しています。

第二章でお話しした一三人の合議制のひとり・梶原景時《かじわらかげとき》の例を思い出してください。景時は頼朝の「第一の郎等」であったがゆえに、頼朝に対する不満や恨《うら》みは、生前の頼朝ではなく、景時へと向かいました。石田三成の場合も同様で、秀吉存命中には豊臣恩顧の大名たちは、表立って秀吉を批判することはできなかったでしょう。その不満の矛先は、秀吉の死後、その腹心である石田三成へと向かったのです。前田利家が亡くなって間もなく襲撃事件が起きたことを考えると、三成への不満を懸命に抑えていたのが利家だったということになるでしょう。

さて、三成は大坂から伏見の自邸へと逃れます。そして、事件の収拾をつけるために、三成と加藤清正らの仲立ちを務めたのが、徳川家康でした。結果、三成は本拠である佐和山で隠居することとなり、こうして五奉行の体制に綻びが生まれることとなります。

火種を煽って敵を倒す

前田利家の死、五奉行体制の崩壊――、こうして豊臣政権の要が崩れ、家康の「暴走」

を止める者は誰もいなくなりました。ここから家康は、まさに秀吉のお株を奪うかのように、明らかに「喧嘩」をふっかけ、戦いを求めて動き出すのです。秀吉もまた、争いを求めて火種を煽ることで、次々にライバルを蹴落とし、織田信長の天下を簒奪《さんだつ》しました。それと同じことを、家康は実行しようと動きます。

まず「喧嘩」をふっかけたのが、利家なき後の前田家でした。家督を継いだ前田利長に謀反の疑いをかけたのです。ところが利長は家康に対し、土下座外交を行い、母・まつを人質にまで出します。こうしてなんとか、戦を避けたのです。結果、家康は前田を潰すわけにはいかなくなり、その振り上げた拳の行き先は、上杉景勝へと向かいます。上杉に謀反の疑いありということで、いよいよ会津討伐となりました。

こうして会津討伐の軍が編成され、小山あたりにまできたところで、石田三成らが兵を挙げました。しめたとばかりに家康は兵を反転させ、天下分け目の合戦である関ヶ原の戦いへと突入していったのです。このとき、家康の会津討伐軍はそのまま東軍となり、挙兵した三成の軍は西軍となりました。おそらく、会津討伐に集まった大名たちは、家康の魂胆をよく理解していたのではないかと思います。実際のところ、上杉に謀反の気持ちがあろうがあるまいが、どうでもよかったのです。

しかし、自家の安泰を考えるならば、徳川家康が言うことには「たとえ黒いカラスであっても、徳川様が言うなら白」と従うのが得策だと考えたのでしょう。また家康にとっても、会津討伐はある種の踏み絵であり、誰が会津討伐に参加するか否かが、自分に味方する武将は誰かを判断する目的もあったのでしょう。事実、先に述べたように、会津討伐軍はそのまま東軍となり、家康の側として関ヶ原で戦うのです。

家康の「喧嘩相手」とは誰か

こうして火蓋が切られた関ヶ原の戦いですが、そもそもこの天下分け目の戦いは、誰と誰の「喧嘩」だったのでしょうか。

戦いの根本を考える際に、私は常々、次の三つの点を押さえることが重要だと述べています。

①誰と誰が戦ったのか
②戦いの目的とは何か
③勝利したのはどちらか

少なくともこの三点を把握しなければ、その戦いを理解したとは言えないでしょう。特に、ＡとＢとの間で戦いが起きた場合、戦いを仕掛けた側はどちらで、仕掛けられた側はどちらなのかをきちんと見極めなければなりません。第六章でも上杉と武田の「喧嘩」である川中島の戦いを例に述べましたが、北信濃《きたしなの》を手に入れるという目的を持って戦を仕掛けた上杉と、その目的を妨害し、北信濃を取られないように守る武田が争ったとすれば、攻め手の上杉の目的は達成されなかったのですから、どんなに甚大な被害を出しても、北信濃を守り切った武田の勝ちなのです。

それでは関ヶ原の戦いはいったい誰の戦いだったのでしょう。東軍を率いたのはもちろん徳川家康です。しかし、西軍はどうでしょうか。挙兵した石田三成でしょうか。以前であれば、石田三成を西軍の総大将とする説が一般的でしたが、近年では大坂城に入った五大老のひとり・毛利輝元を総大将と考える説が有力です。かつては私もそう説いたことがあったのですが、どちらも違うだろうというのが、現在の私の意見です。

慶長五（一六〇〇）年七月十七日、関ヶ原の戦いのおよそ二カ月前に、反家康勢力は「内府違いの条々」という文書を出しています。この「内府違いの条々」には、「内府である家康は、亡き秀吉様のご意向に背いているからこそ、討伐しなければならない」という趣旨で、家康の違反行為が列記されていました。そして、五奉行のうち、前田玄以、増田長盛、長束正家がこれに署名しています。当時、佐和山で謹慎処分にあった三成はすでに五奉行の座にはなく、また浅野長政は、前田家の謀反事件に関与したとして、やはり五奉行の座からは降ろされていました。

この「内府違いの条々」は、端的に西軍側の行動理念を表すものです。つまり、豊臣政権の重臣である家康を、同じく重臣である毛利輝元がその他の豊臣家家臣の助力を得て討ち果たすということになるわけです。輝元と家康は豊臣政権下では同じ五大老ということで、同格の家臣ですから、西軍の大将は輝元ということになる、というわけです。

しかし、このときの家康の認識は明らかに異なります。戦いを欲していた家康は、東軍を率いて会津討伐に向かいますが、自分が動けば三成が暴発するだろうという予想を立てていたのではないかと思います。ですから、留守となる伏見城を当然、攻められるだろうから、留守居役となった鳥居《とりい》元忠《もとただ》に死を覚悟するよう求めたのです。すでに会津討伐の時点で、家康は豊臣家家臣という枠からは離脱していたと考えるべきでしょう。そして、天下を狙う者として、現・天下人である豊臣秀頼に挑戦状を叩きつけたのです。家康の認識では、家康と同格になるのは、輝元ではなく、秀頼なのです。つまり、西軍の総大将は豊臣秀頼ということになります。

言ってみれば、反家康勢力の側の認識としては、「株式会社豊臣」のなかでは、家康はその役員くらいの感覚だった。けれども、家康はとっくに独立して自分は「株式会社徳川」の社長であるという認識です。㈱豊臣が勝つか、㈱徳川が勝つかの勝負だというのが、家康の感覚だったのだろうと思います。

そこに両者の感覚の違いがあるわけですが、戦いを仕掛けているのは、東軍の家康の側であるわけですから、関ヶ原の戦いは、家康と秀頼の「喧嘩」＝戦いだったと考えるのが、私の主張です。

家康の「戦いの目的」とは何か

さて、関ヶ原の戦いの目的も明瞭になったと思います。「喧嘩」を仕掛けた家康の側からすれば、その目的は秀頼の首を取ることでしょう。

しかし、慶長五（一六〇〇）年の時点では、家康が秀頼の首を取るというのは時期尚早で、現実的な選択ではありませんでした。というのも、東軍に加わった加藤清正や福島正

西軍		東軍
毛利輝元　上杉景勝 宇喜多秀家	五大老	徳川家康 前田利長
石田三成　長束正家 増田長盛　前田玄以	五奉行	浅野長政
小西行長　佐竹義宣 真田昌幸　島津義弘 大谷吉継 長宗我部盛親ら	諸大名	池田輝政　加藤清正 黒田長政　伊達政宗 藤堂高虎　福島正則 細川忠興　山内一豊ら

関ヶ原の戦い、両軍の主な武将

則といった秀吉子飼いの武将らが、反旗を翻《ひるがえ》す可能性があったからです。

それゆえ、家康としては、秀頼をいつでも殺すことができる状態にしておきたい。つまり、最終的には大坂城を支配下に置き、秀頼を意のままにすることです。これが、家康の戦いの目的であり、勝利条件ということになります。逆に、西軍はそれを阻止することができれば勝利ということになります。

石田三成は当初、三河《みかわ》と尾張《おわり》の境で東軍を迎え撃つつもりでした。しかし、清洲城を本拠とする福島正則が東軍につき、織田秀信の岐阜城が落ちたため、作戦を変更して関ヶ原に陣を展開します。言わば東軍をこれ以上、上方に近づかせないよう、関ヶ原を防衛線としたわけです。

他方、東軍は西軍の防御を突破し、大坂へと上りたいわけで、関ヶ原における戦いは、攻め手は東軍、守り手は西軍というかたちになりました。

慶長五（一六〇〇）年九月十五日に火蓋が切って降ろされた、関ヶ原の戦いでは、ご存じの通り、家康の東軍が勝利を収めます。しかし、東軍の本当の勝利はあくまでも大坂城へと入り、秀頼を支配下に置くこと。ですから広い意味での関ヶ原の戦いは、この時点ではまだ収束したわけではありません。

しばしば、関ヶ原の戦いでは家康はかろうじて勝利したとか、小早川秀秋が寝返ったから勝利したとか言われます。しかし、家康は側室を戦場に連れてきていたという話もありますし、天海《てんかい》僧正《そうじょう》のような非戦闘員である僧侶も同行させています。万にひとつも負けるなんてことを考えていない人間の態度ではないでしょうか。家康はもう、勝つ気満々だったのだろうと思います。

小早川秀秋は最初から東軍だった

また、小早川秀秋の裏切りが関ヶ原の戦いの雌雄を決したと言われますが、そもそも小早川秀秋が西軍だったのかどうかもかなり怪しいのです。というのも、家康はかなり早くから秀秋に対して恩を売っていたのです。

秀吉の正室・北政所の甥にあたる秀秋は、秀頼が生まれるまでは、秀吉の後継者候補のナンバー2でした。後継者候補のナンバー1だった豊臣秀次は、秀頼が生まれたのちには邪魔者となったため、一族もろとも死に追いやられています。

秀秋は、小早川隆景の養子になって小早川家の家督を継いだことで、なんとか死を免れることができました。しかし、朝鮮出兵に従軍したのちには、左遷されてしまったのです。筑前三五万石の領地は半分以下に減らされ、越前・北ノ庄一二万石へと国替えとなりました。

そのままであれば、秀秋も、秀次と同様、殺されたかもしれません。ところが、その後、秀吉が亡くなったことで、その可能性は消えました。家康は、豊臣政権下で冷遇された秀秋に言葉巧みに近づき、筑前の領地を回復させてあげたのです。

自分を冷遇した秀吉と、領地を回復してくれた家康――。秀秋からすれば、これだけひどい仕打ちを受けたのですから、豊臣家を恨む理由こそあれ、家康に敵対する理由はありません。むしろ、家康に対し、恩義を感じていたことでしょう。

また、秀秋が家康に与《くみ》することは、豊臣方の武将たちも気づいていた可能性が高いのです。というのも、秀秋は関ヶ原においては、西軍の拠点のひとつである松尾山に陣を敷いていました。これに対し、同じく西軍の大谷吉継の陣を見ると、なぜか味方である秀秋が陣を敷く松尾山に向けて土塁をつくっていたことがわかっています。つまり、大谷吉継は初めから秀秋の寝返りを警戒していたか、そもそも秀秋が西軍に加わったとは考えていなかった可能性があります。事実、吉継は、小早川隊からの攻撃を二度にわたり凌ぎました。

問題は小早川以外の武将たちです。小早川と大谷の陣の間には、西軍に与する赤座《あかざ》直保《なおやす》、小川祐忠《すけただ》、朽木《くつき》元綱《もとつな》、脇坂《わきざか》安治《やすはる》らが陣を敷いていました。彼らのすぐ近くに陣を敷いている小早川隊一万が、敵となったのです。このうち、脇坂は徳川と内通し、いざとなれば東軍につくことになっていましたが、その脇坂だけでなく、赤座、小川、朽木らも一緒になって東軍へと寝返り、大谷隊を攻めたのです。

小早川の寝返りは予期できても、その近くにいた四つの隊については、さすがの吉継も準備ができていなかったのでしょう。結果、大谷隊は大敗し、吉継も討死しました。

また、家康はこのほか、細川忠興《ただおき》をはじめ、小早川秀秋と同じように豊臣政権下では冷や飯を食わされていた大名たちに近づき、五大老の権限を巧みに用いながら、領地を増やすなどして恩を売り、信頼を得ていきました。そうした武将らが東軍についたのです。大谷吉継のように、当初は東軍だったけれども、石田三成との友情を取って西軍についた例は稀でした。

江戸幕府は関ヶ原の戦いの直後に成立した

さて、九月十五日の関ヶ原の戦いで石田三成らを退けると、家康は文書による交渉で、毛利輝元らを大坂城から退去させようと、今度は外交戦を仕掛けてきます。

そのときには、三成の命令で大津城攻略に向かい、関ヶ原には参戦できなかった立花宗茂らも戻ってきていて、大坂城での籠城作戦によって、まだ戦いを続けようと輝元に進言していました。籠城する覚悟を決めれば、おそらく西軍の残存勢力も大坂城入りし、五万〜六万の兵が集まっただろうと思います。

大坂城は、その後の大坂の陣で家康を手こずらせた天下の名城ですから、大坂城での籠城も悪くない手だったと思います。しかし、毛利輝元は、家康との交渉の結果、大坂城を明け渡してしまったのです。

こうして九月二十五日に、輝元と毛利勢が大坂城を退去、二十七日には家康が大坂城入りを果たします。こうして家康の目的は達成され、関ヶ原の戦いは家康と東軍の勝利となったのでした。

その後、家康はすぐに関ヶ原の戦いの論功行賞として、諸大名の領地の増減の決定に着手しました。これにより、諸大名は豊臣秀吉・秀頼との主従関係ではなく、徳川家と新たな主従関係を結んだことになります。言わば、家康は、秀頼に代わって、天下人として諸大名たちに振る舞ったわけです。

しばしば江戸幕府は徳川家康が征夷大将軍に任命された慶長八（一六〇三）年から始まるとされますが、論理的には、関ヶ原の戦いが集結し、大名たちの土地の差配を家康自身が行った時点で始まったと考えるべきでしょう。第三章、北条時行《ときゆき》から鎌倉を奪い返すために下向した、足利尊氏と比べてみてください。

秀頼が勝っていたふたつのシナリオ

家康は秀吉の死後、明らかに天下を取るために戦いを欲し、前田や上杉といった五大老たちに「喧嘩」をふっかけ、最終的には秀頼と対立することで、あえて大きな「喧嘩」である関ヶ原の戦いを引き起こして、これを制しました。戦いによって勝つというシンプルですが、武士にとっては重要な方法で、天下を手中に収めたのです。

この天下を巻き込んだ「喧嘩」を回避する方法があったかというと、やはり否というべきでしょう。しかし、もっと違う過程と結末はあり得たのかもしれません。

先述したように関ヶ原の戦いとは、家康と秀頼の戦いです。しかし、秀頼は戦場となった関ヶ原には来ていません。毛利輝元や母・淀殿とともに大坂城に留まっています。

幼かったからとはいえ、この時点ですでに秀頼は元服を終えていました。元服しているということは、武士としてはもう大人扱いになるわけですから、責任逃れはできないでしょう。どんなかたちでもよいから、関ヶ原まで秀頼が出てくれれば、豊臣恩顧の大名たちの士気は上がり、また東軍についた豊臣の家臣たちも「三成ならまだしも、秀頼様には弓は引けない」と逆に士気は下がったかもしれません。

あるいは、立花宗茂が大坂城での籠城策を進言したとき、毛利輝元がこれを受け入れていれば、また違う展開もあり得たでしょう。大坂城には秀頼がいたわけですから、もし関ヶ原に秀頼が来たらという場合と同じく、秀頼を奉じて戦うならば、どれだけの東軍の大名が攻撃をできたかわかりません。

家康やその家臣たちならば攻撃したかもしれませんが、豊臣秀吉に取り立ててもらった恩のある大名たちが、果たして秀頼に対して弓を引き、鉄砲を撃つことができたでしょうか。生え抜き中の生え抜きである福島正則などは、きっと難しいように思います。そうなると、この「喧嘩」がどうなったかわからなくなってくるでしょう。

その後の大坂冬の陣では、明確な指揮系統がなかったにもかかわらず、大坂城に集まった浪人たちで踏ん張ることができました。これが関ヶ原の戦い時点ならば、毛利の指揮系統に一本化して戦うことができるわけですから、かなりいい戦いができた可能性もあります。もしかしたら、勝っていたかもしれません。

その状況を、全国の大名が注視しているわけですから、大坂城が長く持ちこたえることができたならば、次第に豊臣側に味方する大名も出てきたかもしれません。

しかし、毛利輝元はそのような戦略を構想することができませんでした。秀頼の周りの人間たちも、それを選択することができなかったという意味では、いずれも世の中の動きを見通せる人物たちではなかったと言えるでしょう。

残念な上司・毛利輝元と奔走する部下・吉川広家

関ヶ原での戦いののち、徳川からは本多忠勝と井伊直政が、豊臣からは黒田長政と福島正則が、毛利輝元との交渉役を務めています。大坂城に籠城するかどうか迷っている輝元に対して、黒田長政と福島正則から連名の書状が送られました。そこには「家康殿は、決して輝元殿のことを、あだやおろそかにはしません」と書かれていました。この書状は現存していますが、輝元はその内容を自分に都合よく読み替えてしまったのです。

輝元は、長政と正則に徳川との仲立ちの礼を述べるとともに、「徳川内府が毛利家の領地には一切、手をつけないと約束してくれたことに感謝します」と応じ、大坂城を明け渡してしまったのです。

しかし、長政と正則の連名の書状には、家康が毛利の領地には手を出さないとは一言も書いてありません。その書状の受け取りがなされた場で、使者が口頭でそれを匂わせた、なんてことはあったかもしれませんが、それでは何の証拠にもならないことは、乱世を生きる戦国大名ならばよくよく心得ていたはずです。しかし、輝元はそれに乗ってしまっています。この点でも輝元はあまり優秀ではなかったように思います。

その後、先述したように家康は大坂城入りし秀頼を押さえると、毛利は徳川に敵対したということで、領地を没収された上、輝元は切腹を言い渡されました。

輝元の家臣で、従兄弟にあたる吉川広家は、輝元を助けるために嘆願活動を行います。広家は、関ヶ原の戦いでは東軍が勝つだろうと考えていました。ところが、輝元は西軍についてしまいます。そのため、広家は裏で徳川家康と連絡を取り、関ヶ原では西軍に参加するが徳川に対して兵を挙げないと弁明し、実際に兵を動かすことはありませんでした。輝元切腹の判断が下ったという知らせを黒田長政から受け取った広家は、「話が違う」と驚きます。しかも、広家には関ヶ原で兵を動かさなかった功績から、周防国・長府国を与えられることになっていました。

しかし、それでは毛利本家が滅び、自分だけが領地を得て、生き延びてしまうことになります。広家はあくまでも毛利本家を救うために家康と内通したのであり、これではただの裏切り者です。こうして、広家の必死の嘆願により、彼に与えられるはずだった二カ国を、毛利本家の領地とすることで、決着を見ます。

それでは、広家は、ただ家康に一方的に翻弄《ほんろう》されただけだったのでしょうか。朝鮮出兵でも目覚ましい活躍をした広家は、相当、優秀な人物だったと考えられます。吉川家は黒田家と縁が深く、黒田長政の父・黒田官兵衛は、関ヶ原の前夜、広家に宛てて「我々の友情は、世の中が変わっても不変である」と書状を送っています。天下人・秀吉を支え、知略に優れた官兵衛ですから、広家との関係を利用し、罠を張っていたと考えることもできるでしょう。広家を騙して、毛利の動きを封じた可能性もあると言えるかもしれません。

ところが、黒田と吉川は、関ヶ原以降、江戸時代に入っても良好な関係を続けているのです。その様子からすると、両家の友情は本物だったのだろうと思うのです。仮に広家を騙し、約束を反故にし、毛利の領地を奪ったとなれば、吉川は黒田とは絶交するのが普通でしょう。

当時の手紙のやり取りを調べたことがありますが、関ヶ原の前夜、官兵衛は広家に「毛利家は潰されてしまうから、家康に逆らうべきではない」と一生懸命に書状を書き送っているのです。広家もまた、「輝元は西軍の総大将になってしまった。この流れは変えられない。毛利家を救うにはどうするべきか」と相談しているのです。その過程で、「関ヶ原では毛利は徳川に兵を挙げないので、家だけは残してもらいたい」というギリギリの交渉を、広家はしていたのでしょう。

結果として、広家の忠義は認められたけれども、毛利家の領地は没収となり、輝元は切腹を言い渡されたわけですが、広家の必死の嘆願に黒田が仲介したことで、輝元は生き残ることができたのだろうと私は考えています。

やはり、無能無策だったのは輝元であり、広家はそんな上司の不始末を挽回しようと、必死になって奔走していたというのが、実際のところだったのではないでしょうか。

この関ヶ原の戦いによって、西軍の多くの大名が取り潰しとなりました。あくまでもこれは推論に過ぎませんが、秀頼が戦場に出ていれば、戦況は大きく変わっていた可能性があるのは確かです。秀頼の周囲が無能で、頑なに彼を「喧嘩」の現場に出さなかったことが、関ヶ原の戦いに家康が勝利した要因のひとつであったとも考えることができるでしょう。

第九章　吉良上野介VS赤穂浪士

――もしもあのとき、六秒ガマンしていれば……

『忠臣蔵』のもととなる赤穂事件

元禄十四（一七〇一）年三月十四日、江戸城の松の廊下にて、赤穂《あこう》藩の第三代藩主・浅野内匠頭長矩《たくみのかみながのり》が、高家筆頭の吉良上野介義央《きらこうずけのすけよしなか》を突如として斬りつける事件が起きました。長矩は朝廷からの使者をもてなす勅使饗応《きょうおう》役であり、吉良義央はその指南役でした。

江戸幕府では、毎年一月に、朝廷に対して年賀の挨拶を行っており、その返礼として朝廷は勅使を二〜三月に派遣。それを迎える儀式が江戸城で数日間にわたり行われていたのです。事件が起きた三月十四日はその最終日にあたります。浅野長矩は、「この間の遺恨覚えたるか」と言って、吉良義央に斬りつけたとも伝わっています。

江戸城内で、しかも朝廷からの使者が滞在中の折に、刃傷《にんじょう》事件を起こした浅野長矩に対して、時の将軍・徳川綱吉は即日に切腹を言い渡し、浅野家は改易（領地没収・御家断絶）となりました。対して被害に遭った吉良義央には一切のお咎《とが》めはありませんでした。

その翌年、赤穂藩の筆頭家老・大石内蔵助《くらのすけ》は、赤穂浪士を率いて吉良邸に討ち入り、主君の仇である吉良義央を討ち取ります。こうして主君の仇討ちを果たすと、討ち入りに参加した赤穂浪士全員に切腹が命ぜられました。一連の顚末を、いわゆる赤穂事件と呼びます。

この仇討ちに参加した赤穂浪士四七人（四六人という説もあります）への同情と人気は、当時から凄まじく、その後は歌舞伎や浄瑠璃《じょうるり》、講談などの演目として知られるようになりました。このような演目が、現代の私たちがよく知る『忠臣蔵』です。

事件の原因は短絡的な逆恨《うら》みか

そもそもなぜ、浅野長矩は吉良義央を斬りつけたのでしょうか。この「喧嘩」の真相を知るためにも、二人の関係性を押さえておく必要があります。

事件の当時、浅野長矩は三十五歳、播磨《はりま》国赤穂藩を治める藩主です。系譜を遡《さかのぼ》ると、前章でも登場した豊臣政権の五奉行のひとり・浅野長政に行き着く家系です。長政は関ヶ原の戦いの直前で隠居し、嫡男の幸長が東軍についたことで、その功績から幸長に紀伊国三七万六〇〇〇石、長政に常陸《ひたち》国五万石が与えられました。転封などによって、長政の三男・長重の子である長直の代で、赤穂藩藩主となり、三代目の長矩まで続くことになります。

他方、吉良義央は事件当時、六十二歳で、高家旗本の当主でした。幕府からは高家肝煎《きもいり》の役を任じられています。この「高家」とは、幕府の儀式や典礼、朝廷への使節や朝廷との間の諸礼、伊勢神宮や日光東照宮への代参、勅使の接待などを司る家のことです。室町時代から続く名家などが世襲で務めました。徳川家康はこうした儀礼を重視しており、朝廷との付き合いが長い名家を手厚く庇護《ひご》していました。こうした高家諸氏を差配したのが、高家肝煎ということになります。

吉良家もまた、鎌倉時代から続く足利将軍家の血を引く一族です。足利家の没落とともに吉良家も衰退しましたが、家康の祖父が娘を吉良家に嫁がせたこともあり、江戸幕府に取り立てられました。

刃傷事件が起きたのは、朝廷からの使者をもてなす儀式が行われていた期間です。浅野長矩はその饗応役を務め、吉良義央は彼の指南役を務めていました。その二人の間に、浅野長矩が「この間の遺恨覚えたるか」と言わなければならないほどの確執が生まれたということになります。しかし、長矩は最後まで吉良義央を斬りつけた理由を話さなかったとされ、その真相はよくわかっていません。

そのため、「喧嘩」の理由については諸説さまざまですが、もともと浅野長矩は怒りに我を忘れやすいタイプだったのではないかと言われています。

吉良義央が指南役として指導するなかで、浅野長矩はお世辞にも器用にこなす人間ではなかったのだろうと思います。吉良義央としては饗応役にふさわしい振る舞いをするよう、普通に指導しただけであっても、激昂しやすい浅野長矩はそうは受け取れなかった。自分のメンツを潰されたのだと考えたのかもしれません。それが、儀式期間中の江戸城・松の廊下で、刃傷沙汰に直結してしまうのは、やはり浅野長矩が短絡的だったと言わざるを得ないでしょう。

吉良義央と浅野長矩の間では、塩田と塩の製法をめぐる確執があったとも言われます。吉良の領地も、浅野の領地も製塩の盛んな地域とされていました。いずれにせよ、同じく饗応役を務めた伊達左京亮《さきょうのすけ》村豊《むらとよ》も吉良義央の指南を受けたはずですが、浅野長矩のようなことにはなっていませんから、やはり問題は浅野長矩にあったのだと思われます。

結局、「喧嘩」としては些《さ》細《さい》なことだったのだろうと思いますが、浅野長矩が残念なのは、江戸城内で刃傷沙汰に及び、改易処分まで引き起こしてしまったことでしょう。赤穂に戻れば、家臣やその家族たちもいるわけです。自分の短気で、その人たちの生活をいっぺんに台無しにしてしまったのですから、およそ、思慮深い人物ではなかったのではないかと思います。

大石が主張した「喧嘩両成敗」という道理

さて、浅野長矩と吉良義央の「喧嘩」は、即日に長矩が切腹を言い渡されます。これに対して、斬りつけられた吉良義央は一切のお咎めはありませんでした。長矩は義央との口論もなく、いきなり松の廊下で斬りつけています。これに対し、義央は抵抗したり応戦することもなく逃げていることから、「喧嘩」とはみなされなかった可能性もあります。詮議の際にも、吉良が刀に手をかけなかった点が慎重に確認されていました。殿中で刀を抜くことは固く禁じられていましたし、朝廷の勅使を迎えている最中のことですから、なおさらに幕府側の怒りは大きかったのだろうと推測されます。

江戸時代において、こうした諍《いさか》いの裁決には、「喧嘩両成敗法」というものが少なからず、慣習法として残っていました。これは、「喧嘩」が起きた場合、その理由のいかんを問わず、両者ともに罰を科すというものです。今日であれば、双方の弁論を聞きながら、どちらが悪いのか、どちらの責任が重いのかを掘り下げ、過去の判例を参照した上で、判決が下されます。その結果として、一方には七割くらいの責任が、他方には三割くらいの責任があると、その理由とともに責任の所在を明らかにして、「喧嘩」を解決しようと考えるのが普通でしょう。

しかし、まだ大名権力が幼稚なものだった頃には、そこまで審理することができませんでした。そのため、なぜ喧嘩をしたのかはさて置き、両者とも罰するとしたのです。下手すると、騒ぎを起こした両者とも切腹となるなど、非常に荒っぽい解決方法でした。先述したように、行政制度も統治権力もより整ってきた江戸幕府においても、「喧嘩両成敗法」の概念は残っていました。

ですから、赤穂事件においても、「浅野内匠頭は切腹、吉良上野介は無罪」という幕府の判断に、大石内蔵助らは、「それでは喧嘩両成敗法にもとるではないか」と意義申し立てをしたのでした。主君である浅野内匠頭が切腹なら、吉良上野介もなぜ切腹ではないのかというわけです。「喧嘩両成敗法」にのっとるならば、その理屈は通ります。しかし、赤穂浪士たちの理屈は、すんなり通るわけではありません。

殿中で刀を抜くなんて一発アウトだというのは、誰もが共有していた認識でしょう。吉良義央に斬りかかった浅野長矩は、常軌を逸していたとしか言えません。それほどに怒りをガマンすることができなかったのです。

五万三〇〇〇石の赤穂藩は、三石で領民一人を食べさせられると計算すると、三万五〇〇〇人の領民を抱えつつ、何百人もの家臣とその家族がいるわけです。繰り返しますが、そうした下々の者の被る迷惑も、家来とその家族が路頭に迷うことも顧みずに、浅野長矩は短慮のまま自分の思いを遂げようとしました。それがどんな結果をもたらす行為か、きっとよくわかっていなかったのだろうと思います。

浅野長矩に斬られた理由を審議し、吉良を無罪とした幕府の姿勢は、本来的なあり方だったと言えます。しかし、慣習として、言い換えるならば、ある種の道理として喧嘩両成敗法が生きていたことで、大石内蔵助らの「私的」な仇討ちが、当時の社会では高く評価されたのだろうと思います。

自ら動く将軍・徳川綱吉の即日裁決

また、もうひとつ付け加えるならば、浅野長矩と吉良義央の「喧嘩」に対する裁決が即日になされたことから、当時の幕府が将軍の専制になっていたことが窺《うかが》えます。江戸幕府ができてから一〇〇年くらい後に赤穂事件が起きていますが、政治と軍事を司る将軍権力のあり方も、その比重は江戸時代を通じてさまざまに変化していました。戦国の世を渡り歩いた初代・家康、二代・秀忠、そして初代・二代の記憶と意向が強く残る三代・家光くらいまでは、まだ政治よりも軍事のほうに重きが置かれていたと考えられます。

しかし、徳川家にかつて敵対した勢力も代が変わり、泰平の世へと移り変わると、いかに統治するかという政治に重きが置かれるようになってきました。とりわけ五代・綱吉の頃には、儒学を重んじ礼儀による秩序を強化するとともに、生類憐みの令や捨て子を禁止する法令など、命を重視した政策へと転換していきます。まさに武断政治から文治政治への移行です。

礼儀などがとりわけ重んじられたこの頃に、浅野長矩と吉良義央との確執が生じたわけです。武断政治の時代であれば、大名として石高も上である浅野長矩のほうが格上ということになるでしょうけれども、文治政治へと変わりつつある世の趨勢《すうせい》においては、次第に儀礼や儀式を司る高家の肝煎である吉良義央の格が上がってきていたとも言えるかもしれません。

綱吉はさまざまな改革を実施した動ける将軍でした。綱吉以前は、こうした裁決の際には老中たちがきちんと調べて、どうするかを判断していたわけですが、綱吉は自らさまざまな判断を下しています。

江戸幕府が二六〇年もの長きにわたって政権運営を続けることができた理由に、将軍が日本全体を統治できるような器でなくても機能する統治システムを確立したことがあります。家康は跡目争いでもめないよう、長子相続を徹底させました。神輿はただ担がれるだけでいいというのが、家康の発想です。

老中以下、優秀な部下がいれば、問題なかったのです。しかし、綱吉は自ら動く神輿でした。それゆえ、末端のことにまで思いが至らず、生類憐みの令などをつくってしまうわけですが、将軍が自ら裁決を下すからこそ、即日で浅野長矩に切腹を言い渡すことが可能だったのでしょう。綱吉が「浅野内匠頭には腹を切らせろ」と言ったら、「上様、喧嘩両成敗とも申しますので今しばらくお待ちくださいませ」と進言する人間がいなかったとも言えます。

いずれにしろ、殿中で刀を抜いた側がおしまいであることに変わりはありません。浅野長矩に言い逃れの術はないわけですから、自制心がきかない人間だったと言うほかありません。

主君の仇討ちは赤穂事件が日本初

さて、先述したように大石内蔵助らによる仇討ちは、「喧嘩両成敗法」という慣習があったからこそその行為だったわけですが、江戸幕府においては、仇討ちというのは違法ではなく、きちんと届出をして公的な手順を踏むならば、公認された行いでした。

しかし、赤穂浪士たちの仇討ちは、実はそれまでに例を見ないかたちでの、仇討ちだったのです。というのも、赤穂事件以前までは、第二章でも触れた曾我《そが》兄弟の仇討ちのように、父親など、自分の尊属の敵を討つというものを仇討ちと呼びます。家来が主君の仇を討つというのは、仇討ちには含まれていなかったのです。あるいは妻を寝取られた際に、寝取った間男を「女敵《めがたき》（妻敵）」として討つなんてこともあったようですが、やはり、主君を殺されたから仇を討つというのはほとんど聞きません。

日本では「親に孝、君に忠」と言われるように、「親に孝行するように主君に対して忠節を尽くしなさい」ということがごく普通のことのように広まっています。それは明治時代以降の教育勅語にも顕著です。江戸時代の武士道と密接に関連する儒教の教え、としばしば言われますが、実はこの発想自体、儒教本来の教えにはないものなのです。

たとえば、孔子の頃の本来的な儒教からすれば、「孝行」のほうがはるかに重いのです。逆に、主君に対する「忠節」はこれに比べて重要視されていません。つまり、儒教において、孝行と忠節は両輪ではなく、あくまでも「孝」のほうに価値があるのです。

よく知られた話ですが、「父親が牛を盗んできたときに、あなたはどうしますか」という問いかけがあります。秦《しん》の始皇帝が採用した法家ならば、法に基づく統治がモットーですから、親であっても法を犯した者は警察に突き出さなければならないでしょう。

しかし、儒教の考え方からすると回答は異なります。「父親を匿《かくま》え」というのが正解なのです。儒教ではたとえ主君や国に忠節を尽くすことにならなくとも、父親を匿うという孝行を重視せよ、という教えなのです。法家を採用した秦の始皇帝が、「焚書坑儒《ふんしょこうじゅ》」を行った背景には、こうした法家と儒教の大きな違いが横たわっていたのでした。

そのような儒教の本来的なあり方からすれば、日本の儒教は相当に捻《ね》じ曲がっていると言えます。江戸幕府は儒学を奨励し、とりわけ赤穂事件が起きたときの将軍である綱吉は、湯島聖堂を拡大、整頓し、儒学者の林信篤《のぶあつ》を登用するなど、日本独自のアレンジを加えて国の教えとしました。おそらく、その過程で、主君に対する忠節の価値が高められ、親に対する孝行と同等のものになったのでしょう。赤穂浪士のような仇討ちが起こり、それが民衆にもてはやされたりしたのは、そうした江戸時代の独自の儒学思想の影響が関連しているのではないかと思われます。

浅野長矩には、浅野大学という弟がいましたから、この大学が吉良義央を討つならば、従来の仇討ちとして成立します。もちろん、その場合にも幕府に届出をしなければなりませんし、届出の時点で認可されない可能性もあります。つまり秩序を守る権力側・体制側が認めたときのみ、仇討ちが許されるわけです。

その場合も、敵との決闘というかたちになりますから、敵の側にも反抗する権利が認められていました。そのため、討手が返り討ちに遭うケースも多かったようです。そして、敵が返り討ちにした場合には、ほとんどお咎めなしだったとされます。

繰り返しますが、赤穂事件が特異なのは、それが日本で行われた初めての家臣による主君の仇討ちだった点です。たとえば、豊臣秀吉は、主君・信長の敵である明智光秀を討ったと言われますが、戦国時代において、主君の仇討ちという発想はそもそもありません。秀吉が仇討ちをしたから尊敬されるということはないのです。それはあくまでも江戸時代以降につくられたものと言えるでしょう。

いずれにせよ、それまで、主君がやられたら仇を討つという発想がなかったにもかかわらず、それをやってのけたという意味では、大石内蔵助という人間はやはり傑出した人物だったのだと思います。

藩士の最後の給与と退職金

浅野長矩のダメさ加減に比べると、大石内蔵助はやはりひとかど以上の人物だったと思わされることが多々あります。主君の仇討ちのない時代にそれをやってのけただけでなく、赤穂藩の財産を清算した上で、収支をしっかり記録して、最終的には討ち入りを果たすまでにちょうど、資金がゼロになっています。すべてきちんと金勘定をしていたのです。

最初からゼロになるように計画していたのか、あるいは資金が尽きそうだからそろそろ仇討ちをやるかと動いたのかはわかりませんが、その手腕は見事なものでした。

赤穂藩の清算から吉良邸への討ち入りまでの動きを簡単に追っていくと、赤穂藩筆頭家老である大石内蔵助のもとに主君・浅野長矩の切腹と改易の報が届いたのは、事件から五日後の三月十九日のことです。

大石内蔵助は、その日のうちに藩士たちに登城を命じて、事件のあらましを伝えると、翌日、藩札の回収を実施しました。藩札とは藩内で発行・通用した紙幣のことです。金貨・銀貨・銭貨と交換でき、多くの藩で財政難から藩札が発行されていました。しかし、改易となればそれは紙切れ同然になってしまいますから、内蔵助はこの藩札の回収を急いだのです。

そして、同月二十七日から二十九日にかけて、藩士を城内に集め、大評定が行われます。「喧嘩両成敗」の価値観から吉良義央が処罰されなかったことに対する不満が強く、籠城しての抗議や家臣一同殉死して幕府に訴えようという意見などが出ますが、浅野家の再興を願って無血開城を決断します。続いて、四月になると、藩で所有していた船や武具、材木といった幕府に返上するもの以外はすべてお金に換え、藩の財産の清算が行われました。こうしてつくったお金から、藩士三〇〇人の最後の給与と退職金が支払われました（ちなみに、内蔵助は退職金を受け取りませんでした）。

給与と退職金の総額は、金に換算すれば二万四〇〇〇九両三分、現在の貨幣価値にすれば二四億九七万五〇〇〇円にも上ります。ひとり平均八〇〇万円といったところでしょうか。それなりの金額のように思いますが、藩士は家族だけでなく使用人たちも抱えていましたから、その人たちへの支払いを考えると、満足な額とは言えなかったでしょう。

なぜ大石は仇討ちを決意したのか

四月十九日、とうとう大石内蔵助たちは赤穂城を幕府に明け渡し、赤穂浪士たちは散り散りになりますが、内蔵助を中心にそれぞれ手紙などで連絡を取り合いました。その際の意見のやり取りがされたのが、旧浅野家家臣として何をなすべきかということだったのです。意見は大きくふたつに分かれました。内蔵助らは浅野家の再興に賭け、浅野長矩の弟・大学を新たな藩主にするべく、幕府に働きかけようと考えました。これに対し、堀部安兵衛《やすべえ》武庸《たけつね》らは、吉良義央の首を取り仇討ちを果たすべきだと主張します。

浅野大学は事件の後、所領を召し上げられ、いわゆる謹慎処分である閉門を命じられていましたが、元禄十五（一七〇二）年七月に旗本の身分を剝奪《はくだつ》され、広島藩・浅野本家へ預かり処分となりました。これにより、御家再興は断念せざるを得ず、赤穂浪士たちは仇討ちへと傾いていったのでした。

このとき、大石内蔵助の手元に残った資金は、金に換算すると約六九〇両三分二朱、現在の価値に直せば、およそ六九一〇万円です。仏事や御家再興のために奔走したことで一九三両を費やし、また江戸との往復にも出費はかさみましたが、残された資金で、内蔵助以下、四十七士たちは主君の仇討ちを果たそうとしました。

改易から吉良邸討ち入りまで一年九カ月ほど間があきますが、その間、内蔵助は残った軍資金六九一〇万円のなかからやりくりしています。江戸と赤穂との往復や、浪士たちの生活の補助、また討ち入りの際の武具の調達などの準備にその多くが費やされています。

そして、いよいよ、元禄十五（一七〇二）年十二月十四日、赤穂浪士四七人が三班に分かれて、江戸の吉良義央邸へと討ち入りを果たすのです。

当時、吉良邸には一〇〇～一五〇人ほどの家臣が詰めていたとされます。この討ち入りでの被害はというと、史料によって違いはありますが、事件後、かなり早い時期に編纂された『江赤見聞記《こうせきけんもんき》』では吉良側の死者一六人、負傷者二一人とあります。対する赤穂浪士側には死者は出ず、負傷者四人でした。赤穂浪士の完勝です。大石内蔵助らは綿密に計画を立てていたことがよくわかります。その後、赤穂浪士たちは亡き主君が眠る泉岳寺へと向かい、その墓前に吉良の首を手向けて、仇討ちを報告しました。

事件後、赤穂浪士たちは大名四家にそれぞれ分かれてお預けとなり、元禄十六（一七〇三）年二月四日、幕府から切腹を言い渡され、その日のうちに執行されました。

大石内蔵助は浅野家の改易から吉良邸討ち入りまでの一年九カ月の間、収支と支出を事細かに記しており、それが現在でも残っています。その細やかさがよく伝わる史料と言えます。それだけにやはり、大石内蔵助は非常に傑出した人物だったと言えるでしょう。

切腹が武士の代名詞となった理由

さて、初めて主君の仇討ちがなされ、かつそれが民衆から支持されたのがこの江戸時代における赤穂事件だったと先に述べました。それまでは主君の仇討ちはなかったわけですが、これと同じように、切腹が名誉な死であるという考え方が定着していったのも、やはり江戸時代以降のことだったのではないかと考えられます。

慶長十九（一六一四）年からの大坂の陣では、茶人としても有名な古田《ふるた》織部《おりべ》、また細川興秋《おきあき》が豊臣方に味方し、敗北の末、切腹を命じられています。この例を見るに、すでにこの頃、切腹とは武士の名誉ある死だという考え方があった可能性が高いのです。その完成形がまさに、この赤穂事件における赤穂浪士たちだったでしょう。

吉良義央を討ち、主君の恨みを果たした四十七士に対して、江戸の庶民たちは同情的で、「素晴らしい忠臣だ、よくやった！」と拍手喝采が起きました。そんな四十七士に対する処遇をどうすべきか、幕府内でもさまざまに議論が交わされ、意見が分かれました。「武士として正しい行いをしたのだから、命までは取る必要はないのでは」という意見もあれば、「幕府の決定に反抗したのだから罪人としての死刑（斬首）に処さねばならぬ」という意見もありました。議論が紛糾するなかで、儒学者の荻生徂徠《おぎゅうそらい》から出たのが、「赤穂浪士たちは切腹」でした。

つまり、赤穂浪士の忠義は認める。しかし、幕府の決定に従わなかったのだから命を取らざるを得ない。ただし、武士として名誉な行いであったがゆえに、その名誉を保ったまま命を奪う切腹を申し付ける、というわけです。

このような裁きは、「切腹は武士の名誉を守る死に方である」という認識が共有されていたという背景に基づくと考えられます。実際に、大石内蔵助は切腹という決定に、「名誉ある死を命じていただき、ありがたい」と述べたと伝わります。

もう少しアンガーマネジメントをしていれば……

大石内蔵助の有能さが目立つがゆえに、ますます事件の発端となった浅野長矩のダメさが際立ってしまいます。しかも、武士としては老人ひとり仕留めることができなかったことです。

いずれにせよ、浅野長矩と吉良義央の「喧嘩」はまずもって、浅野の側に非があるわけですから、彼が怒りに任せて刃傷沙汰さえ起こさなければ、そもそも「喧嘩」にすらなっていなかった可能性が高いのです。

しかし、長矩はガマンができなかった。一回の短気で御家ごと潰してしまうのですから、やはり感情に身を任せた行動は損でしかない。

現代では怒りの感情をコントロールする「アンガーマネジメント」が、しばしばハラスメントを回避したり、人間関係を円滑にする方法として注目されています。それによれば、怒りの気持ちが強くなった際、まずは六秒間、ガマンしてみることが推奨されます。ですから、浅野長矩も六秒ルールを守っていれば、こんなことにならなかったかもしれません。

第十章　井伊直弼VS水戸・薩摩藩

——桜田門外の変、敵の敵は「敵」

ペリー来航から桜田門外の変へ

本書の最後に、幕末における「喧嘩」、桜田門外の変について見ていきたいと思います。よく知られているように、桜田門外の変とは、万延《まんえん》元（一八六〇）年三月三日、水戸藩・薩摩藩の浪士が、時の大老・井伊直弼を暗殺した事件です。

その背景となるのが、嘉永《かえい》六（一八五三）年にマシュー・ペリーが四隻の黒船で来航し、アメリカ大統領の国書を幕府に提出して日本に開国を迫ったことです。幕府側は来年返答するとして一旦ペリーを帰国させます。

この間、老中の阿部《あべ》正弘《まさひろ》が国書への回答をどうすべきか、朝廷を含め諸大名や幕臣から広く意見を求めました。そのために外様の雄藩や朝廷が幕政へと介入する原因となったとされます。安政元（一八五四）年、ペリーが再び来航し、圧力をかけてきたことで、日米和親条約が結ばれることになりました。

その二年後の安政三（一八五六）年に、アメリカ総領事のタウンゼント・ハリスが、通訳のヒュースケンとともに来日。時の将軍・家定に謁見《えつけん》し、老中首座を阿部正弘から引き継いだ堀田《ほつた》正睦《まさよし》を訪問して、日米修好通商条約の締結を求めます。ここで堀田正睦が条約調印の勅許を得るために朝廷に伺いを立てるという異例の行動に出たことで、事態はややこしくなります。異国嫌いの孝明天皇はこれを拒否したのです。

安政五（一八五八）年に、第二次アヘン戦争で、英仏が清に勝利したことを受けて、ハリスは英仏の侵略の脅威とその可能性を説き、条約締結を強く迫ります。大老に就任した井伊直弼は、勅許を得るための時間稼ぎをするため、なるべく延期を主張しましたが、交渉に当たった井上清直と岩瀬《いわせ》忠震《ただなり》は同年六月に日米修好通商条約に調印してしまいます。それは、領事裁判権を認めさせ関税自主権を否定するという不平等条約でした。

勅許のない条約調印は大きな批判を呼び、激しい攘夷運動が展開されることとなります。万延元（一八六〇）年十二月にはヒュースケンが薩摩浪士に斬り殺される事件が発生、その後、薩摩藩士によるイギリス人殺害事件（生麦事件）、長州藩士によるイギリス公使館焼き討ち事件などが相次いで起こりました。

また、勅許のない条約調印に激怒した孝明天皇は、水戸藩に幕政の改革を促す戊午《ぼご》の密勅《みっちょく》を下します。これに対して、井伊直弼は、幕府の政策に反対する者への弾圧を強めました。いわゆる「安政の大獄」です。尊王攘夷派や井伊らと対立した一橋派の大名・公卿・志士らの一掃を企て、その結果、吉田松陰や橋本左内ら八人が、処刑されました。

こうした弾圧に対し、薩摩・水戸両藩の志士一八人が、万延元（一八六〇）年三月三日早朝、愛宕《あたご》山に集結し、桜田門外にて、井伊直弼の暗殺を決行しました。結果、井伊直弼は殺され、襲撃に参加した志士の多くもその場で討死、あるいは自刃し、生き残った者も死罪もしくは追放処分となりました。

井伊直弼は本当に悪者か

桜田門外の変に関して言えば、「喧嘩」の構図は井伊直弼と彼を急襲した水戸・薩摩藩士ということになりますが、その背景は複雑です。そもそも井伊直弼の評価自体も揺れています。日本の開国を推し進めた進歩派として井伊直弼を評価する向きもあれば、みすみす不平等条約を押しつけられた失策者という否定的な評価もあります。

しかし、そもそも迂《う》闊《かつ》だったのは、井伊直弼の前任である阿部正弘や堀田正睦らだろうと私は思います。近年、「鎖国はなかった」という議論がされていますが、ペリーの黒船来航に幕政が大きく揺れたことは、老中の阿部正弘が外様の諸藩などから広く意見を募った点を見ても明らかです。黒船の来航と開国するか否かを議論することに、それだけのインパクトがあったということは、やはり日本は「鎖国」していたということでしょう。しかし、その結果、外様の雄藩や朝廷が幕政に介入するきっかけをつくってしまいました。

さらに、堀田正睦は日米修好通商条約を結ぶにあたって、天皇から勅許を得ようと、朝廷に対して伺いを立ててしまったのです。というのも、そもそも外交問題に関しては、原則として幕府の専権事項でした。本来、朝廷には関係のないことだったのです。

たとえば、第三章でも取り上げましたが、鎌倉時代の元寇の際、モンゴル側は戦に先立って国書を日本側に送り、挨拶に来るようにと述べています。当時、朝廷はそれを受けて返事を出そうとしたところ、幕府がそれを握り潰し、無視し続けるという一幕がありました。それ以来、幕府が外交特権、つまり戦争するための国家高権を有するというのが慣例になったのです。

室町幕府の三代将軍・足利義満《よしみつ》も、自らが日本国の王として、日明貿易を行っています。また、徳川家康も朝廷とは関係ないところで、朝鮮通信使などと、外交を行っていました。ならばアメリカに対しても、幕府は単独で外交を進めてよかったはずです。本来、天皇に勅許を求める必要はなかったのです。ところが、老中の堀田正睦は、天皇と朝廷に伺いを立ててしまった。

おそらく堀田正睦は、開国という未曽有の事態に、幕府だけで判断したとなると、その後、「誰の責任だ」と問われたときに自分の責任になる可能性が高いため、怖かったのだと思います。外国とは交渉しないという長年の慣習を破るにあたって、天皇と朝廷のお墨付きが欲しかったというのが本音だったのでしょう。

当時の孝明天皇と幕府は良好な関係にありましたから、幕府の決断をきっと認めてくれるという思惑もあったのかもしれません。ところが蓋を開けてみれば、孝明天皇は大の異国嫌い。朝廷もここぞとばかりに自分たちの存在価値を証明しようと、幕府に反発したのです。

言ってみれば、それが後を引き継いだ井伊直弼に持ち越されてしまったのです。直弼からすれば、いい迷惑だったことでしょう。

意外と不平等ではなかったアメリカとの条約

不平等条約を結んでしまったこと自体は、外交上、確かにまずかったのでしょうけれども、イギリスやフランスなどに比べると、アメリカとの条約締結は、まだましだったという意見もあります。

以前、日米関係やアメリカ外交が専門の国際政治学者・簑原俊洋先生と『「外圧」の日本史』（朝日新書）という書籍のなかで、対談させていただきましたが、日米修好通商条約の交渉相手であるアメリカ領事タウンゼント・ハリスは、イギリス嫌いで親日家だったそうです。ペリーと違って、ハリスは通訳のヒュースケンだけを連れてほとんど丸腰で来日しています。ハリスも命懸けで交渉に臨んだわけです。しかも、彼自身が望んで、交渉役を買って出ていました。

簑原俊洋先生は、ハリスはイギリスにライバル心を抱いており、「イギリスから日本を守らなきゃいけない」という思いがあったとも述べています。簑原先生によれば、日本に着いたときのハリスの日記には、「イギリスによる植民地争奪戦から日本を守ることが自らの最大の使命だ」と綴られていたそうです。

確かに、仮にイギリスが日本の最初の条約締結相手だったとすれば、日本はインドやミャンマーなどの例のように、植民地化されていたかもしれません。簑原先生が言うように、最初の交渉相手がアメリカで、その交渉役がハリスだったことがよかったと言えるかもしれません。

安政の大獄で意外と人は死んでいない

また、桜田門外の変で井伊直弼が暗殺された理由に、安政の大獄で多くの人を弾圧した冷酷な人物だったからだ、という意見もあります。「安政の大獄」と聞くと、つい、それこそカンボジアのポル・ポトによる大虐殺のようなことが起きたのではないかと連想してしまいますが、そんなことはありません。

死罪になった人間はと言えば、吉田松陰や橋本左内ら八人ほどです。一〇人に満たない数ですし、吉田松陰に至っては、井伊直弼による勅許なしの条約締結に怒り、老中暗殺まで計画していた、今で言う「テロリスト」です。

吉田松陰は徳川将軍を認めず、天皇を敬えと尊王（尊皇）を主張するわけですが、一方で「毛利の恩は大切にせよ」とも述べています。つまりは天皇と同列に並べて、自分のお殿様の命令はちゃんと聞くように、というわけです。吉田松陰ですら、毛利公を無視してまで天皇につけ、と言うことはなかったのです。

これは桜田門外の変に関わった藩士たちにも言えることです。最終的に決起に加わったのは、水戸藩士が一七人、薩摩藩士がひとりでしたが、本来は西郷隆盛や大久保利通らが名前を連ねた精忠組《せいちゆうぐみ》が進めていた計画でもあったのです。それが、決起の段階となったときに、本国の薩摩藩から「待った」がかかったのです。その結果、ここまで加担したからには全員抜けるのはまずかろうということで、有村次左衛門だけが水戸藩士とともに井伊直弼の暗殺に加わったというのが、実情でしょう。

もちろん、薩摩藩士たちはさすがに初めから裏切るつもりで暗殺計画に加わっていたわけではなかっただろうと思います。当時の薩摩藩の最高実力者である島津久光《ひさみつ》は、「公武合体」を唱えていました。藩主に匹敵する実力者と、精忠組ら藩士の思惑は異なっていたというところでしょうか。吉田松陰が「毛利の恩は大切にせよ」と述べたように、藩（藩主）か国（天皇）かと問われた際には、藩主であるお殿様からの命令は極めて重かったのだろうと思われます。幕末にあって、天皇に忠節を尽くすか、将軍に忠節を尽くすか、あるいはお殿様に忠節を尽くすのか、さまざまなかたちで志士たちは試されていたのでしょう。

苛烈《かれつ》を極めた天狗・諸生の乱

桜田門外の変の首謀者たちは、いわゆる「尊王攘夷」派と言われる志士たちです。「尊王」と「攘夷」は元来、それぞれ異なる概念ですが、いずれも水戸学から生まれ、「日本国を愛し、日本国の中心にある天皇と皇室を敬愛し、日本に仇なす外国を打ち払う」というかたちで「尊王攘夷」としてまとめられました。

水戸学は、幕末においては尊王攘夷の志士たちに大変重んじられ、その後、明治政府を築き上げた元勲たちの思想的な基盤となっています。水戸学では南朝を正統としたため、明治政府でも同様に定められました。しかし、明治天皇は明らかに北朝の子孫です。朝廷でつくられてきたさまざまな歴史の書物や上級貴族の職員録などを見ても、すべて北朝を基準にして作成されています。それでもなお、水戸学の「尊王攘夷」を重視した明治政府は、「南朝＝正統」説を採用したのです。明治末の大逆事件で処刑された幸徳秋水《こうとくしゅうすい》が裁判の場で、「明治天皇は北朝じゃないか」と批判したとされますが、この明治政府の矛盾を突いた批判だったのです。

さて、そこで疑問が生じるのが、幕末・明治維新を支える思想の中心となった水戸藩が、なぜ、明治新政府内では人材を送り込んでいないのかという点です。

それはなぜか。答えは明快で、有能な人材は新政府が樹立される頃には皆死んでしまっていたから。水戸では、天狗党と諸生《しょせい》党による抗争が激化し、多くの犠牲者を出したのです。天狗党は武田耕雲斎《こううんさい》を中心とした過激な尊王攘夷派で、対する諸生党は水戸藩の門閥派が中心となっていました。両者の戦いは苛烈を極め、水戸周辺で敗れた天狗党は、上洛を試みます。しかし各地で争いを起こして敗北し、結局は加賀藩に投降しています。敦賀の鰊蔵《にしんぐら》に糞尿《ふんにょう》垂れ流しのまま監禁されるといったひどい仕打ちを受けたのち、三五〇人以上が処刑されています。首領である武田耕雲斎に至っては、刎《は》ねられた首が水戸に届けられ、その首を抱きながら耕雲斎の妻も斬首されるという、苛烈極まる処遇がなされています。

井伊直弼による安政の大獄ですら、先に述べたように、死罪になったのは八人ばかりですから、残酷さという面で非難するならば、井伊直弼よりも水戸藩のほうが上だという気がしてなりません。

一橋派と南紀派、将軍継嗣《けいし》をめぐる対立

桜田門外の変を引き起こした水戸藩士と井伊直弼の関係について、もうひとつ言及するとすれば、そこには尊王攘夷派の水戸藩主・徳川斉昭《なりあき》と開国派の井伊直弼という、幕府内での対立のほかに、将軍の継嗣問題における対立も絡んでいました。

水戸藩主・徳川斉昭は、阿部正弘に取り立てられ、海防掛《がかり》（いわゆる外交顧問）として

幕政に関与。また第一三代将軍・徳川家定の後継をめぐっては、自らの子で、一橋家を相続した一橋慶喜を推していました。

一方、安政五（一八五八）年四月十三日に大老職に任ぜられた井伊直弼は、紀州藩主・徳川慶福《よしとみ》を次期将軍に推していました。同年六月十九日に日米修好通商条約を調印後、同月には徳川慶福が次期将軍に内定した旨を公にしています。そして、政敵である徳川斉昭や一橋慶喜らを、政治の表舞台から遠ざけ、失脚させたのです。

対して、勅許のないまま条約調印を進めた井伊直弼を非難する孝明天皇は、幕政改革を求める勅書を水戸藩に下しました。これが先にも述べた、いわゆる「戊午の密勅」と呼ばれるものです。

井伊直弼は水戸藩に圧力をかけ、反対派への弾圧が「安政の大獄」へと発展していきます。朝廷側も勅書返納を命じる勅を出し、結果、水戸藩は孝明天皇という後ろ盾を失いました。失脚し、隠居の身であった前藩主の徳川斉昭は、勅書を江戸から水戸へと密かに運ぶことを指示し、そのまま水戸城内の祖廟に納めてしまうのでした。井伊直弼はなおも強硬に返納を迫り、応じなければ違勅の罪とすると脅しをかけます。

水戸藩は勅を朝廷に返納することを決めますが、これに反発したのが水戸藩士たちでした。一部の藩士が脱藩し、盟約を結んでいた薩摩藩士らと合流し、井伊直弼の暗殺を実行に移そうとするのです。

つまり、桜田門外の変は、尊王攘夷派と開国派という対立軸だけでなく、将軍継嗣問題をめぐる、一橋派と南紀派の政治的な対立の過程で、失脚した一橋派の徳川斉昭を慕う水戸藩士らの暴発という側面があったと言えるでしょう。

先に述べた通り、井伊直弼暗殺に加わるはずだった薩摩藩士の大久保利通ら精忠組は、直前で待ったがかかり、桜田門外の変は、水戸藩士らの主導で実行に移されることとなったのです。

実に後味の悪い事件

桜田門外の変では、井伊直弼を守る彦根藩士たちは、皆、降雪に備えて刀の柄《つか》や鞘《さや》にも袋をかぶせていたため、襲撃があってもすぐに抜刀できなかったとされます。その割には、襲撃してきた水戸・薩摩両藩士側にも死者が出ている点では、前章で見てきた赤穂事件とは大きく異なります。吉良邸に討ち入りした赤穂藩士はひとりとして死者を出していませんでした。

薩摩藩から唯一、決起に加わった有村次左衛門も「剣の達人」と称されていましたが、かなりの深手を負って、最後には腹を切り亡くなっています。どんなに剣に覚えがあったとしても、乱戦になるとかなり危ないということでしょうか。

この襲撃で辛くも生き残った彦根藩士も、大老を守れなかったということで責任を問われ、切腹させられています。

さらに言えば、襲撃側の実質的な指導者の位置にあった高橋多一郎《たいちろう》は、桜田門外の変には加わっていませんでした。その後、潜伏先の大坂で、井伊大老暗殺の成功を知るも、幕府側に居場所を悟られて、自刃しています。

襲撃側を撃退し、その指導者を討ち取った幕府ですが、権威の象徴でもある江戸城の目の前で大老・井伊直弼の首を取られるという失態を犯してしまいました。それ以降、幕府の威信は急激に失墜していきました。

そして、同じ一橋派だった島津（薩摩藩）が、第一五代将軍となった一橋慶喜（徳川慶喜）を降伏させ、倒幕に成功します。水戸藩にとっては、敵は井伊直弼（彦根藩）だと思っていたのが、結局、最後は島津（薩摩藩）だったのです。桜田門外の変は理念の違いのほかに、ひどい目に遭わせたから奴らは許せんなどの怒りや憎しみ、恨《うら》みなどいろいろなものが混ざり合った暴発的な事件だったとも言えます。

赤穂事件が『忠臣蔵』としてある種の勧善懲悪な物語となったのとは違い、桜田門外の変は、「喧嘩」としてもどうもすっきりしない、実に後味の悪い事件だったと言えそうです。その意味では、桜田門外の変は実に「暗い」のです。

おわりに

本書では、源頼朝と源義経の「兄弟喧嘩」から、日本という国のかたちがどうなるか、大きな歴史の転換点に差し掛かった時期に起きた実に暗い「喧嘩」である桜田門外の変まで、十章に分けて、お話ししてきました。

初めは些《さ》細《さい》な行き違いやすれ違いであれ、それが大きな「喧嘩」に発展していくか、小競り合いのまま小さな「喧嘩」で落ち着くかは、その時々の社会状況や大きな対立構造のなかで決まっていくということだろうと思います。

第一章で取り上げた源頼朝と源義経の「兄弟喧嘩」では、義経は後白河上皇から「頼朝を討て」という命令を受けています。大義名分があったのです。

でも当時の趨《すう》勢《せい》として、武士たちは朝廷と距離を取ろうとしていたわけですし、それゆえに頼朝を担いでいました。

ですから、義経に味方する者は、武士のなかにはいませんでした。そうなれば、もう

「喧嘩」をするまでもないわけです。結局、義経は東北へと逃げていくほかありませんでした。

頼朝に対する不満が義経の行動に説得力を持って表れ、また頼朝に不満を持つ人間たちがこれに呼応すれば、反頼朝勢力は膨らんでいったことでしょう。そうした動きと義経が連動していれば、源氏の「兄弟喧嘩」はもっと明確なかたちで、大きな争乱となっていたかもしれません。

言うなれば、義経は木曾義仲と同じくらい頑張れた可能性もあったのです。しかし、そこまで大きな「喧嘩」には発展しなかったのが、歴史的事実です。

これとは逆に、第四章で取り上げた足利尊氏と足利直義の「兄弟喧嘩」では、将軍権力を構成する軍事と政治という大きな対立となりました。軍事を担う将軍・尊氏だけでなく、政治を担う副将軍・直義に対しても、それ相応に響き合い、賛同する者が多かった。

またそれは、尊氏と直義の政権構想とも大きく関連していました。尊氏は京都へ、直義は関東へ、今後の武士の政権はどうあるべきかという大きな対立があった。こうした構造のなかに、兄弟の葛藤が含まれ、全国を二分する争乱へ発展していったのです。

ですから、権力者が考えなければならないのは、「喧嘩」の火種が生まれた際、それが大きくならないよう、いかに対処するかでしょう。大きな権力があれば、それに反発する勢力があるのは当然です。そこに「喧嘩」が結びつくと、より大きな争乱へと発展していってしまいます。

安定した権力と体制を維持するには、そうした「喧嘩」の火種への対処の仕方を間違えないことが重要なのでしょう。

逆に、反対の立場からすれば、そうした火種をうまく使うことが、体制を大きく変革することにも繋がっていくのです。

それは現代においても変わりません。かつて、小泉純一郎さんは「自民党をぶっ壊す」を合言葉に選挙戦を勝ち抜き、総理大臣として郵政民営化という大きな改革を実施しました。

当然、選挙の争点は郵政だけに限らず、外交や経済などさまざまな問題があるわけですが、小泉陣営は、郵政民営化を前面に押し出すことで、うまく官僚への不満やメディア対応も巻き込んで、「喧嘩」に勝ってしまった。

その手腕は「小泉劇場」とも呼ばれましたが、当然、「実は小泉政権が日本をダメにしたんだ」とか「ただの権力闘争に過ぎなかったんだ」とか、さまざまな意見もあるわけです。ですが冷静な議論をする以前にうまく「喧嘩」を利用して、結果を大きく変えていったのです。

人間、皆が聖人ではありません。誰しも気に入らない人はいますし、「喧嘩」の火種はそこらじゅうにあります。

私の場合、そんなに気に食わない人間がいない分、割と誰とも親しくはならず、距離を取ってしまうタイプかもしれません。いい大人がいつまでも「喧嘩」というのも変だなとちょっと思います。それでも、向こうは違うかもしれない。特に相手が執念深い人だと、結局それが「喧嘩」になって、いい年して和解できないという場合も、時にはあるわけです。

いずれにしても、「喧嘩」の延長線上には、「戦争」があります。二十一世紀に入ってもなお、ロシアとウクライナ、イスラエルとパレスチナというように、大きな戦争・紛争が立て続けに起こっています。

特に、キリスト教やイスラム教、ユダヤ教など、一神教を奉じる世界の「喧嘩」だと、一度、衝突するとその先にあるのは、大変、苛烈《かれつ》な戦いとなります。

ですから、まことにありきたりの物言いになりますが、なるべくは小さな「喧嘩」をしないほうがいい、というのが、ここまでさまざまな歴史上の「喧嘩」を見てきた上で思い至る、私の結論です。

二〇二四年四月　本郷和人

著者略歴

本郷和人《ほんごうかずと》

一九六〇年、東京都生まれ。東京大学史料編纂所教授。文学博士。東京大学卒業、同大学院人文科学研究科博士課程単位取得。石井進氏、五味文彦氏に師事。専攻は日本中世政治史、古文書学。『大日本史料』の編纂に携わる。著書に『新・中世王権論』（文春学藝ライブラリー）、『日本史のツボ』『承久の乱』（ともに文春新書）、『天下人の日本史』（宝島社新書）、『「失敗」の日本史』『「合戦」の日本史』（ともに中公新書ラクレ）、『なぜ幸村は家康より日本人に愛されるのか』（幻冬舎）、監修に『東大教授がおしえる　やばい日本史』（ダイヤモンド社）など多数。

幻冬舎新書 729

喧嘩の日本史

二〇二四年五月三十日 第一刷発行

著者 本郷和人
発行人 見城徹
編集人 小木田順子
発行所 株式会社 幻冬舎
〒一五一-〇〇五一 東京都渋谷区千駄ヶ谷四-九-七
電話 〇三-五四一一-六二一一(編集)
〇三-五四一一-六二二二(営業)
公式HP https://www.gentosha.co.jp/
ブックデザイン 鈴木成一デザイン室
印刷・製本所 株式会社 光邦

Printed in Japan ISBN978-4-344-98731-9 C0295
ほ-12-1

*この本に関するご意見・ご感想は、左記アンケートフォームからお寄せください。
https://www.gentosha.co.jp/e/